Auflage:
12 11 10 9
2018 2017 2016 2015

7., überarbeitete und ergänzte Auflage

E-Mail: loewenzahn@studienverlag.at
Internet: www.loewenzahn.at

Buchgestaltung und grafische Umsetzung:
Kurt Höretzeder – Büro für Grafische Gestaltung, Scheffau/Tirol, Mitarbeit: Ines Graus

Fotografien:
S. 4, 6, 7, 8, 9, 14, 23, 26, 33, 34 o, 39, 58, 63, 67, 70, 73, 76, 82 o, 105, 111, 112 o, 119, 157, 171, 187, 198: www.fotowerk-aichner.at
S. 10 o, 10 u, 29, 42, 47, 82 u, 99, 106, 109, 124 o, 134, 139, 143, 147, 150, 151, 174, 189, 193, 206: Herbert Gyss
S. 13: Florian Schneider
S. 16, 54, 88, 89 u, 130, 131 u: Ludwig Mallaun
S. 17, 34 u, 46 o, 46 u, 50, 55 o, 55 u, 112 u, 113, 131 o, 160 o, 160 u, 162: pixelquelle.de
S. 161: photocase.de
S. 89 o: Innsbruck Tourismus – diverse Fotografen
S. 124 u: Cilli Reisingers Brotbackbuch (löwenzahn verlag 2006)
S. 176: Oberstaller Alm im Villgratental/Osttirol Werbung
S. 177 o: Islitzermühle (Radmühle) in Prägraten/Nationalpark Hohe Tauern/Lois Lammerhuber
S. 177 u: Bergbauer mit Kalb im Sommer/Osttirol Werbung/Fotograf: Böhm
S. 207: Gertrude Messners Kräuterhandbuch (löwenzahn verlag 2004)

Umschlagfotos:
vorne: www.fotowerk-aichner.at
hinten:
li oben: Oberstaller Alm im Villgratental/Osttirol Werbung
li unten und re oben: www.fotowerk-aichner.at
re unten: Innsbruck Tourismus – diverse Fotografen

Gedruckt auf umweltfreundlichem, chlor- und säurefrei gebleichtem Papier.

Bibliografische Information Der Deutschen Bibliothek
Die Deutsche Bibliothek verzeichnet diese Publikation in der Deutschen Nationalbibliografie; detaillierte bibliografische Daten sind im Internet über <http://dnb.ddb.de> abrufbar.

ISBN-10: 3-7066-2380-3
ISBN-13: 978-3-7066-2380-3

Tiroler Bäuerinnen kochen

Einfach gute Rezepte

gesammelt und bearbeitet von

Maria Gschwentner

löwenzahn

Willkommen in der Tiroler Küche!

Liebe Leserinnen, liebe Leser!

Eine neue Auflage ist entstanden – im neuen Design, mit neuen und überarbeiteten Rezepten. Es freut mich, dass im Zeitalter der Fertigprodukte, des schnellen Essens und der Hektik auch weiterhin die Nachfrage nach einem Kochbuch mit überlieferten Rezepten besteht.

Kochen ist ein wichtiger Bestandteil unserer Kultur und so soll dieses Kochbuch anregen, darüber nachzudenken, woher unsere Lebensmittel stammen, wie sie erzeugt und verarbeitet wurden, bis sie bei uns in der Küche landen. Lebensmittel sollen unsere „Mittel zum Leben" bleiben – sie sollen die wertvollen Inhaltsstoffe auf dem weiten Weg von der Erzeugung bis zur Verwendung nicht verlieren. Genuss liegt im Einfachen – in der Qualität, in der richtigen Zubereitung, in der Auswahl der Zutaten und Speisen. Tiroler Küche braucht heimische Produkte. Die Kunst besteht nicht darin, alles zu jeder Zeit aus aller Welt zur Verfügung zu haben, sondern mit den Lebensmitteln, die in unserer Region wachsen, den Tisch decken zu können.

Dieses Kochbuch will anregen, aus einfachen und guten Grundzutaten vielfältige Speisen zubereiten zu können. Es soll den Wert unserer heimischen, saisonalen Produkte bewusst machen und Ideen liefern für abwechslungsreiche Zubereitungsmöglichkeiten. Es soll uns an „alte Speisen“ erinnern, die vielleicht unsere Mütter und Großmütter gekocht haben – und es soll gelingen, sie mit diesen gesammelten Rezepten nachzukochen.

Dieses Buch ist auch ein modernes Kochbuch – es beinhaltet Rezepte, die durchaus der heutigen Ernährungsweise entsprechen bzw. in der Menüzusammenstellung ein harmonisches Ganzes bezüglich gesunder Ernährung ergeben. Durch die Rückbesinnung auf hochwertige Zutaten mit möglichst wenig Zusatzstoffen kochen und genießen wir mit allen Sinnen.

Ernährung ist Verantwortung – sie betrifft uns alle und je früher wir darüber nachdenken, was wir essen, woher wir unsere Lebensmittel beziehen, wie wir sie zubereiten und verarbeiten, umso schneller werden wir Zusammenhänge zu unserer Gesundheit herstellen.

Kochen kann man lernen, durch zuschauen und nachmachen – und Kochen ist nie zu Ende, für den, der aufgeschlossen und willig ist, Neues zu entdecken.

Ein besonderer Dank gilt der Fachschule für ländliche Hauswirtschaft in Rotholz, der Leiterin FOL Ing. Elfriede Hauser, die es mir ermöglicht hat, die Speisen für die Fotos (gemeinsam mit dem Fotowerk Aichner) im Rahmen des praktischen Unterrichtes Kochen zuzubereiten. Meine Schülerinnen waren mit vollem Einsatz dabei – dass Kochen Freude macht, haben sie damit bewiesen!

Allen Köchinnen und Köchen, Genießerinnen und Genießern viel Freude und gutes Gelingen mit:
Einfach guten Rezepten!

Maria Gschwentner,
im Juli 2006

Außerfern

Unberührte Naturlandschaften entlang des Lechs, schroffe und liebliche Gebirgszüge und traumhafte Seen prägen das Bild dieser Region. Das Außerfern ist vom übrigen Tirol durch den Fernpass getrennt und weist dadurch nicht nur sprachliche, sondern auch auch kulinarische Besonderheiten auf.

Oberland

Das Tiroler Oberland umfasst die Bezirke westlich von Innsbruck (abgesehen von Reutte), also ein sehr großes Gebiet, das sich weiter in Bezirke, Regionen und Täler mit jeweils eigenen Besonderheiten in Landschaft, Lebensart und Küche unterteilen lässt.

Suppen

Hauptgerichte

Beilagen

Nachspeisen, Gebäck

Verschiedenes

Innsbruck und Umgebung

Innsbruck ist die Hauptstadt Tirols und kulturelles Zentrum des Bundeslandes. Die ländliche Umgebung ist hingegen stark von Landwirtschaft und Naturtourismus geprägt.

Unterland

Mit „Tiroler Unterland“ ist der gesamte Landesteil östlich von Innsbruck mit allen Seiten- und Hochtälern (abzüglich Osttirol) gemeint. Diese relativ dicht besiedelte, sehr fruchtbare und wirtschaftlich starke Region gehört seit dem Mittelalter zu den wohlhabendsten Gegenden Tirols.

Osttirol

Dieser durch mächtige Gebirgsgruppen geprägte Teil Tirols zeichnet sich durch besonderes Traditionsbewusstsein aus. Unberührte Natur- und bäuerlich geprägte Kulturlandschaft gehen hier Hand in Hand. Beinahe ein Drittel der Fläche Osttirols gehört zum Nationalpark Hohe Tauern.

Suppen

Hauptgerichte

Beilagen

Nachspeisen, Gebäck

Verschiedenes

Dialektausdrücke

Allen Varianten des Tiroler Dialekts ist gemein, dass sie zur Gruppe der bairischen bzw. alemannischen Dialekte gezählt werden. Doch zwischen Arlberg und Osttirol gibt es wahrscheinlich so viele verschiedene Mundarten wie Ortschaften. Regionale Eigenheiten machen sich vor allem in einem der persönlichsten Lebensbereiche der Menschen bemerkbar: in der Küche. Daher sind Abweichungen bei Wörtern für Zutaten und Gerichte auch innerhalb Tirols keine Seltenheit. Die wichtigsten Ausdrücke werden im Folgenden kurz erklärt:

abschmalzen: mit Butter übergießen
Dampfl: Gärprobe beim Germteig
Faferl (Riebele): Mehl mit wenig Milch oder Wasser verbröselt
Germ: Hefe
Holler: Holunder
Klotzen (Kluaban): Dörrbirnen
Miasl (Muas): Schmarren
moar: mürb
Muas (Koch): dick eingekochter Brei
Plenten: Mais
Prinze (Scharra): braun angekochte Kruste am Boden der Pfanne
Schotten (Broada): Topfen
Schwarzplenten: Buchweizen
Türkenmehl: Maismehl

Abkürzungen:
g = Gramm
KL = Kaffeelöffel
EL = Esslöffel
Msp. = Messerspitze
Pkg. = Packung

Die Rezepte sind gedacht für 4 bis 6 Personen.

Einleitung

» Knödel, Nudel, Nocken, Plenten sind die Tiroler Elementen «

So vielgestaltig wie die Landschaft und die Vegetation unseres Landes sind, so vielfältig sind auch die Speisen und deren Zubereitungsformen. Dabei gibt es neben den Gerichten, die im ganzen Land auf den Tisch gebracht werden, Spezialitäten, die fast ausschließlich in einer bestimmten Gegend gekocht werden. Neben Tradition und Überlieferung spielen oft auch besondere Nahrungspflanzen eine große Rolle, z.B. der Buchweizen („Schwarzplenten"), dessen Hauptverbreitungsgebiet südlich des Alpenhauptkammes liegt, und der Mais („Türggen"), der in den Föhngebieten eines der Hauptnahrungsmittel darstellte. In den letzten Jahren entstand vielerorts wieder reges Interesse an der einfachen und naturnahen Küche.

Es sind nicht nur alternative Lebensauffassungen, die sich auf bodenständiges Essen zurückbesinnen, sondern allgemein wird wieder mehr auf Produkte zurückgegriffen, die im eigenen Land erzeugt worden sind. Schließlich erfreuen sich auch die Bauernmärkte immer größerer Beliebtheit.

Die Bauern erzeugten seit jeher ihre Nahrungsmittel selbst. Ausnahmen waren in Tirol nur die Schwaighöfe, die in der ersten Zeit nach ihrer Gründung vom Landesfürsten einen Zuschuss an Brotgetreide bekamen*. Der tägliche Speisezettel wurde von den gedeihenden Nahrungspflanzen und von der Wirtschaftsform des Hofes bestimmt.

Die ältesten Hauptnahrungsmittel sind Hafer, Hirse, Roggen und Weizen. Die Römer führten dann auch noch die Gerste in unser Land ein. Im 15. Jahrhundert wurde der Buchweizen heimisch. Nach der Entdeckung Amerikas verdrängte der Mais die Hirse vollständig. Die stärksten Veränderungen am Speisezettel bewirkten aber die Erdäpfel. Sie waren ab Anfang des 19. Jahrhunderts in ganz Tirol verbreitet. Häufigste Zuspeisen waren Kraut in Form von Sauerkraut und Rüben. Von den Hülsenfrüchten sind heute nur noch die Erbsen und Bohnen im Gebrauch, während Saubohnen und Linsen fast in Vergessenheit geraten sind.

„Immer mehr Menschen zeigen Interesse an bewusster Ernährung und naturbelassenen Lebensmitteln, die in ihrer unmittelbaren Umgebung hergestellt wurden. Man kauft wieder am Bauernmarkt ein und entdeckt traditionelle bäuerliche Gerichte."

Der große Strukturwandel der bäuerlichen Betriebe innerhalb der letzten 50 Jahre hat dazu beigetragen, dass ein Bauernhof heute kaum mehr auf Eigenversorgung ausgerichtet ist. Die großen Veränderungen ließen viele der gesunden und einfachen Rezepte der Bauernkost in Vergessenheit geraten.

Umso erfreulicher ist die bereits erwähnte Rückbesinnung auf die Tiroler Bauernküche. Die folgende Rezeptesammlung will aber nicht nur diesem Titel Rechnung tragen. Sie lüftet „Küchengeheimnisse" aus dem ganzen Land und erzählt uns über die Kochkunst unserer Frauen.

* Wopfner, H.: Bergbauernbuch I. Bd. 1, S. 82

Außerfern

Milchprodukte spielen in der Außerferner Küche eine große Rolle, sei es in Form von Milch, Topfen oder Käse. Auf zahlreichen hoch gelegenen Almen wird die Basis für dieses Grundnahrungsmittel gelegt. Die hohe Qualität einheimischer Milch schmeckt man auch im fertig gekochten Gericht.

Karge Lebensgrundlagen prägen die Rezepte der Außerferner Küche. Wasser, Milch, Erdäpfel und Brot – aus diesen Grundzutaten haben die Bäuerinnen dieses Landesteiles ihren Speisezettel zusammengestellt.

Das raue Klima ließ wenig Obst und Gemüse gedeihen – man sammelte alles, was in wilder Natur wuchs: Himbeeren, Heidelbeeren, Preiselbeeren, Holunder und Maulbeeren, die Früchte des Wacholders, Enzianwurzeln und Ähnliches. Alles wurde in der Küche verwertet, sei es als Nahrungs- oder Heilmittel.

Immer wieder entstanden neue Variationsmöglichkeiten mit Erdäpfeln, Mehl in Form von Muas, Schmarren und Suppen. Auch Fleisch war selten – der Boden war knapp, Schlachtvieh konnte kaum gehalten werden. Jedoch ist das Außerfern wegen seines Wildreichtums bekannt – so darf es uns nicht wundern, dass uns gute Wildrezepte aus diesem Landesteil bekannt sind.

Manche Gerichte erinnern an Speisen auf den Almen. Auch dort wurden, nachdem die Vorräte aus dem Tal verbraucht waren, die anfallenden Erzeugnisse aus der Milchwirtschaft verwendet. Käse für Kasnocken, Knödel und Spatzeln; Butter, Rahm und Milch für Muas und Schmarren. Mehl war vorrätig und als Getränk war Milch und „Riahrmilch" (Buttermilch) vorhanden.

Im Allgemeinen ist die Außerferner Küche vom süddeutschen und alemannischen Raum beeinflusst. Die Saisonarbeiter, die für einige Monate in die Fremde wanderten, um Geld zu verdienen, brachten Rezepte aus dem Schwabenland mit, z.B. Brätknödel, Kässpatzen, Waffeln u.a.m. An diesem Beispiel wird uns klar, dass bodenständige Kost nichts Endgültiges ist, sondern dass sie in Verbindung steht mit der wechselnden Situation von Menschen, sei es durch Vermischung von Menschen verschiedener Herkunft, z.B. durch Heirat oder durch Einflüsse aufgrund der Änderung des Arbeitsstandortes.

Auch so kann heimische Kost gesehen werden, als bewusst übernommene Heimat von und für Menschen.

Über die Region

Die Bezeichnung **„Außerfern"** deckt sich mit dem politischen Bezirk Reutte, der im äußersten Nordwesten des Bundeslandes Tirol liegt. Es umfasst das Tannheimer Tal, das Reuttener Becken, die Region Zwischentoren und das Lechtal. Bedeutende Gebirgszüge sind die Tannheimer Berge, die Allgäuer Alpen, die Ammergauer Berge, das Wettersteingebirge und die Lechtaler Alpen. Die Bezirkshauptstadt Reutte, Vils, Höfen und Elbigenalp sind größere Ortschaften. Naturbelassene Flussläufe und umfassende Umweltschutzmaßnahmen machen das Außerfern zum Lebensraum für zahlreiche seltene Tier- und Pflanzenarten.

Brätknöderlsuppe

500 g Brät
3 Eier
50 g Zwiebel
ca. 1/4 l Milch
1 Semmel
Salz, Pfeffer
Petersilie
1,5 l Rindsuppe

- Brät (vom Metzger) gut verrühren
- Milch dazugießen
- nach und nach Eier dazugeben
- würzen
- Zwiebel fein schneiden, in Butter anrösten, überkühlen lassen
- Semmel würfelig schneiden, in Milch einweichen, ausgedrückt dazugeben
- soviel Mehl dazugeben, dass eine bindige Masse entsteht
- mit einem Esslöffel Nockerln abstechen
- in kochendes Salzwasser einlegen
- ca. 15 Minuten ziehen lassen
- in Fleischsuppe servieren

Milchsuppe

30 g Butter
30 g Mehl
1 l Milch
1 Prise Salz
1 Dotter
Brotwürfel

- Mehl in Butter anschwitzen lassen
- mit Milch aufgießen
- salzen
- aufkochen lassen
- vor dem Servieren Dotter einsprudeln
- mit Brotwürfeln servieren

Variation: *Aufgewürfelte Reste vom Zelten schmecken gut dazu!*

Riebelesuppe

1 Ei
Mehl
Salz
Suppe

- Ei mit soviel Mehl, wie das Ei annimmt, vermischen
- mit den Händen solange verreiben, bis feine Riebele entstehen
- in Wasser oder Fleischsuppe einkochen, würzen

Variation: *Riebele mit leicht gebräunter Zwiebel abschmalzen*

Versoffene Suppe

4 Scheiben Schwarzbrot
8 Zehen Knoblauch
1 Zwiebel
Schnittlauch
200 g Edamer
1 EL Butter
1 EL Mehl
Salz
Pfeffer
1 l Wasser

- Brot würfelig schneiden
- mit zerdrücktem Knoblauch, fein geschnittener Zwiebel, Schnittlauch und würfelig geschnittenem Käse in eine Schüssel geben
- mit 1 l heißem Wasser übergießen
- aus Butter und Mehl eine Einbrenn machen, mit etwas Wasser aufgießen, gut verkochen lassen
- die Suppe in die Einbrenn einrühren, würzen

Schlettersuppe

1 Ei
ganz wenig Milch
und Mehl
Rindsuppe

- Ei mit wenig Milch und Mehl zu einem glatten Teig versprudeln
- die Masse in kochende Rindsuppe eintropfen

Kräutersuppe

30 g Butter
30 g Mehl
1/2 l Milch
ca. 1/2 l Wasser
1 kleine Zwiebel
1 Knoblauchzehe
1 Handvoll Kräuter (Schnittlauch, Petersilie, Kerbel, Pimpernelle, Oregano, Liebstöckel, Majoran, Thymian, Zitronenmelisse, Estragon, Dill)
Salz
1/8 l Rahm
1 Dotter
Brotwürfel

- gehackte Zwiebel in Butter anlaufen lassen
- Mehl anschwitzen
- mit Milch und Wasser aufgießen
- fein gehackte Kräuter dazugeben
- salzen
- zuletzt Rahm vermischt mit Dotter einsprudeln
- kurz aufkochen lassen
- mit gerösteten Brotwürfeln servieren

Tipp: *Kräuter können Sie nach Ihrem Geschmack beliebig variieren.*

Aufgegangene Topfennudeln

1/2 l Topfen
50 g Butter
3 Eier
3 EL Zucker
3 EL Mehl
1 Prise Salz

- Topfen mit Butter, Dotter und Zucker flaumig rühren
- Eiklar mit einer Prise Salz zu festem Schnee schlagen
- Schnee und Mehl dem Abtrieb abwechselnd unterheben
- Form ausfetten
- Nocken abstechen und nebeneinander einlegen
- im Rohr bei 180 °C ca. 30 Minuten backen
- mit Zucker bestreut servieren

Tipp: *Rosinen untermischen*
Getränk: *Milch*

Semmelschmarren

ca. 10 alte Semmeln
3/8 l Milch
3 Eier
Zucker
Rosinen
Butter zum Rösten

- Milch mit Eiern versprudeln
- Semmeln würfelig schneiden, mit Eiermilch übergießen
- kurz einweichen lassen
- Butter in einer Pfanne zergehen lassen
- Semmelmasse darin rösten
- Rosinen und Zucker nach Geschmack dazugeben, mitrösten

Getränk: *Milch*

Apfelkiachl

400 g Mehl
4 Eier
1/4 l Weißwein
1/4 l Milch
Salz
ca. 1 kg Äpfel
Backschmalz
Zucker und Zimt
zum Bestreuen

Vollgetreide verwenden!

- aus Mehl, Eiern, Weißwein, Milch und Salz einen Backteig bereiten
- Kerngehäuse der Äpfel ausstechen
- Äpfel in ca. 1 cm dicke Scheiben schneiden
- in Backteig tauchen
- sofort im schwimmenden Fett ausbacken
- mit Zucker und Zimt bestreuen

Getränk: *Milch*

Topfenauflauf

750 g Topfen
50 g Butter
2–4 Eier
150 g Zucker
1/8–1/4 l Rahm (Milch)
4 EL Maizena
1 Pkg. Vanillezucker
3 EL Sultaninen
2 EL gehackte Mandeln

- Butter flaumig rühren, Dotter beifügen und mit Zucker vermischen
- passierten, mit Rahm vermengten Topfen löffelweise unterrühren
- Maizena, Zitronen, Vanillezucker und Rosinen untermengen
- Schnee schlagen und beifügen
- in eine Auflaufform füllen und mit Mandeln bestreuen
- ca. 30–40 Minuten backen

Brotkiachl (Pofesen oder Profesen)

12 dünne Weißbrotscheiben (Semmelzeile)
Marmelade zum Füllen

Backteig:
300 g Mehl
3 Eier
1 Prise Salz
1 Stamperl Rum
1/8–1/4 l Milch oder Weißwein

- Weißbrotscheiben mit Marmelade bestreichen
- zusammensetzen
- in Backteig tauchen
- im Butterschmalz beidseitig goldgelb ausbacken
- mit Zimtzucker bestreuen

Beilage: *Kompotte, gedörrte Zwetschkensauce*

Apfelkrapfen

Strudelteig:
150 g Mehl
1 Ei
1 Prise Salz
1 EL Öl
1 EL Essig
lauwarmes Wasser

Fülle:
1 kg Äpfel
Zucker
Zimt
eventuell Rosinen

- die Zutaten zu einem Strudelteig zusammenkneten
- gut abschlagen, rasten lassen
- auswalken
- gehobelte Äpfel und Zucker, Zimt (eventuell Rosinen) darauf verteilen
- einrollen
- in ca. 6–8 cm dicke Scheiben schneiden
- in einer Pfanne Butter zerlaufen lassen, etwas Zucker dazugeben, Krapfen aufgestellt einschichten
- auf beiden Seiten braun anbraten
- zugedeckt fertigdünsten

Getränk: *Milch*

Topfenschmarren

1/2 kg Topfen
150 g Mehl
6 Eier
ca. 1/8 l Milch
1 Prise Salz
1 EL Zucker
Rosinen, Vanille
Butter zum Ausbacken

Vollmehl verwenden!

- Topfen mit Dotter, Vanille, Salz und Zucker schaumig rühren
- Mehl und Milch beifügen
- zuletzt den steifen Schnee und die Rosinen (vorher mit Rum einweichen) unterheben
- Butter in einer Pfanne zergehen lassen
- Masse einfüllen, auf beiden Seiten ausbacken
- zuletzt in Stücke aufreißen

Getränk: *Milch*
Beilage: *Kompotte*

Hollerkiachl

ca. 30 Stk. Hollerblüten
400 g griffiges Mehl
2–3 Eier
1 Prise Salz
ca. 1/2 l Weißwein
1 Pkg. Vanillezucker
Backfett
Staubzucker und Zimt zum Bestreuen

Vollgetreide verwenden!

- Mehl mit Salz und Vanillezucker vermischen
- mit Eiern und Wein zu einem Tropfteig verarbeiten
- Hollerblüten gut waschen, abtropfen lassen
- die trockenen Blüten durch den Teig ziehen
- im heißen Fett ausbacken
- mit Staubzucker und Zimt bestreuen

Tipp: *keine Eier verwenden, eventuell Mineralwasser dazugeben, dann werden die Hollerkiachl knuspriger*

Marillenknödel

250 g Topfen
1 Ei
3 EL Öl
120 g Mehl

ca. 10 Marillen

Zum Wälzen:
30 g Butter
100 g Brösel
3 EL Zucker
Zimt

- Teigzutaten zusammenmischen und verkneten
- zu einer Rolle formen
- Stücke abschneiden
- Marillen entkernen und mit einem Stück Würfelzucker füllen
- mit Teig umhüllen und zu Knödel formen
- im Salzwasser oder im Wasserdampf ca. 10 Minuten garen
- in Brösel-Zucker-Gemisch wälzen (Butter erwärmen, Zucker, Brösel und Zimt dazugeben, kurz rösten)
- mit Staubzucker bestreut servieren

Weinnudeln

1 l Milch
1/2 l Grieß
Salz
2–3 Eier
1/2 l Glühwein
Butterschmalz
zum Ausbacken

- gesalzene Milch aufkochen
- Grieß einkochen
- aufquellen lassen
- etwas überkühlen lassen
- Eier einrühren
- daumengroße Nudeln formen
- in wenig Fett ausbacken
- mit Glühwein servieren

Variation 1: *vor dem Ausbacken Nudeln panieren*

Variation 2: *Anstatt Nudeln zu formen, kann man die Masse auf ein feuchtes Blech aufstreichen, erkalten lassen und dann in Schnitten schneiden.*

Krautkrapfen

Nudelteig:
400 g Mehl
1 Ei
Salz
lauwarmes Wasser

Fülle:
100 g Speck
1/2 kg Kraut
Backschmalz

- aus Mehl, Ei, Salz und lauwarmem Wasser einen Nudelteig bereiten
- rasten lassen, dann dünn auswalken
- Vierecke schneiden (ca. 10 × 10 cm)
- Kraut dünsten, mit abgerösteten Speckwürfeln vermischen
- Fülle auf dem Teig verteilen
- zusammenschlagen
- Ränder festdrücken
- im schwimmenden Fett ausbacken

Leberknödel

400 g Semmelbrot
ca. 1/4 l Milch
3 Eier
150 g faschierte Leber
2 Zehen Knoblauch
1 Zwiebel
Salz, Pfeffer, Majoran
Thymian, Oregano
50 g Butter
eventuell etwas Mehl
Rindsuppe

- würfelig geschnittenes Knödelbrot mit heißer Milch angießen
- fein geschnittene Zwiebel in Butter andünsten
- mit den restlichen Zutaten zu einem Knödelteig abmischen
- Knödel formen und im Salzwasser oder über Dampf garen

Variation: *Gebackene Leberknödel: im Backfett ausbacken*

Beilage: *Sauerkraut, Salate*

Polentapizza

300 g Polenta
1/2 l Wasser
Salz

Belag:
3 EL Olivenöl
3 Zehen Knoblauch
Salz, Oregano, Basilikum
1 kg Tomaten
2 kleine Zucchini
150 g Schinken
250 g Käse

- Wasser erhitzen, salzen, Polenta einkochen
- leicht köcheln, bis sich die Masse vom Löffel löst
- auf ein befettetes Blech streichen
- Olivenöl mit Knoblauch, Salz und Kräutern vermischen
- Polentamasse damit etwas bestreichen
- blanchierte Tomaten in Scheiben geschnitten darauf verteilen
- Zucchinischeiben, Schinkenwürfel und geriebenen Käse darüber geben
- zuletzt restliche Ölmischung darauf träufeln
- bei 180 °C Heißluft ca. 30 Minuten backen

Türkenmus

30 g Butter
30 g Mehl
1 l Wasser
Salz
Türkenmehl (Polenta)
Butter oder kleinwürfelig geschnittener Speck zum Abschmalzen

- aus Butter und Mehl eine Einbrenn machen
- mit Wasser aufgießen, salzen
- so viel Türkenmehl einkochen, dass ein Mus entsteht
- mit Butter oder gerösteten Speckwürfeln abschmalzen

Türkennudeln

250 g Türkenmehl
(Polenta)
1,5 l Wasser
Salz
Riahrmilch
(Kieblmilch,
Buttermilch)

- Wasser mit Salz aufkochen
- Türkenmehl einrieseln lassen
- dicken Stampf daraus kochen
- überkühlen lassen
- auf ein bemehltes Blech stürzen
- bleistiftähnliche Nudeln formen
- in Butter oder Butterschmalz beidseitig goldgelb anrösten

Spinatpalatschinken

Palatschinken:
1/4 l Milch
1 Ei
3 EL Mehl
Salz

Bechamel:
50 g Butter
50 g Mehl
1/4 l Milch
Salz, Muskat

Fülle:
300 g Blattspinat
2 Knoblauchzehen
Salz, Muskat

150 g geriebener
Bergkäse

- aus Milch, Ei, Mehl und etwas Salz Palatschinkenteig rühren
- Palatschinken ausbacken
- Spinat in Butter andünsten und würzen
- Bechamel bereiten
- in eine runde Auflaufform lagenweise Palatschinken, Bechamel, Spinat und Käse füllen
- mit Bechamel abdecken
- mit Käse bestreuen
- ca. 30 Minuten im Rohr überbacken

Ziegernudeln (1)

300 g griffiges Mehl
20 g Germ
1 KL Salz
3 EL Öl
2 Eier
2 Suppenkellen Zieger (oder Bauerntopfen)
etwas lauwarme Milch

Vollgetreide verwenden!

- aus den angegebenen Zutaten einen ziemlich weichen Germteig bereiten
- gut gehen lassen
- Teig auf ein bemehltes Brett geben, kleine Stücke abstechen, dicke Nudeln formen
- mit bemehltem Tuch abdecken, noch einmal aufgehen lassen
- in heißem Fett zugedeckt schwimmend herausbacken (ergibt 10–12 Stücke)

Tipp: *gelingt nur mit echtem Bauerntopfen*

Beilage: *Kompotte, Apfelmus*
Getränk: *Milch*

Ziegernudeln (2)

1/2 kg Bauernzieger
Salz
3 Eier
ca. 100–150 g Mehl

Vollmehl verwenden!

- Zieger mit Eiern abrühren, salzen
- so viel Mehl einrühren, dass ein ganz weicher Teig entsteht
- auf bemehltem Brett daumendicke Nudeln formen
- im nicht zu heißen Fett langsam ausbacken

Tipp: *ganz frisch servieren!*
Beilage: *grüner Salat*

Kässpätzle

500 g griffiges Mehl
Salz
3 Eier
ca. 3/8 l Milch
200 g geriebener Käse
100 g Butter
200 g Zwiebel, in Ringe geschnitten
Schnittlauch

Vollgetreide verwenden!

- Mehl, Salz, Eier und Milch zu einem Nockerlteig abrühren
- durch ein Spätzlesieb in kochendes Salzwasser einkochen
- kurz kochen lassen
- abschrecken
- Zwiebelringerln in Butter anrösten
- Auflaufform schichtenweise mit Spätzle, Käse, Zwiebelringerln und zerlassener Butter befüllen
- kurz überbacken, bis der Käse zerronnen ist
- mit Schnittlauch bestreut servieren

Variation: *Spätzle können auch in einer Pfanne auf der Herdplatte zubereitet werden:*

- Butter zerfließen lassen
- Zwiebel anrösten
- Spätzle und Käse dazugeben und vermischen

Tipp: *zum Aufwärmen – Krautspätzle*

- Spätzle aufwärmen
- anbraten, bis sie goldbraun sind
- Sauerkraut in Butter anrösten, dazugeben, vermischen

Brennende Spatzeln

300 g Mehl
1 EL Öl
2–3 Eier
Salz
ca. 1/2 l Milch
ca. 200 g junge Brennnesselblätter
200 g geriebener Käse
1 Zwiebel
50 g Butter

- Brennnesseln blanchieren, abseihen, fein hacken oder mixen
- alle Zutaten zu einem Spatzelteig abrühren
- im Salzwasser kochen, abschrecken
- fein gehackte Zwiebel in Butter anlaufen lassen
- Spatzeln darin schwenken
- geriebenen Käse dazugeben und vermischen
- heiß servieren
- eventuell 1/8 l Rahm unterrühren, einmal aufkochen lassen

Beilage: *Salate, Buttermilch*

Variante: *statt Brennnesseln Spinat verwenden*

Fleisch –

selten und rar

Bei der Auswahl sollte bewusst auf die Erzeugung und Herkunft des Fleisches geachtet werden, egal um welche Tierart es sich handelt!

Fleisch wurde früher selten zubereitet. Es war eine besondere Rarität und galt als Ausdruck für Wohlstand – und dieser war in einfachen Familien nicht vorhanden!

- Grundsätzlich sollte der Fleischverzehr aus gesundheitlichen Gründen auf 1 bis 2 Mal pro Woche reduziert werden. Denken Sie daran, dass auch Wurst Fleisch ist!
- Würzen Sie Fleisch gut, vor allem verwenden Sie viele Kräuter dazu; diese fördern den Geschmack und die Bekömmlichkeit!
- Fleisch liefert uns wertvolles Eiweiß; es ist Träger vieler Mineralstoffe und soll gezielt für unsere Ernährung eingesetzt werden!
- Beim Einkauf sollten Sie auf Frische achten!
- Tiefgefrieren ist eine gute Möglichkeit zum Konservieren!
- Auch auf einen guten Speck oder auf ein Hauswürstl brauchen Sie nicht verzichten, denn bei einer ausgewogenen Ernährung muss auch diese Spezialität Platz haben!

Gulasch

1 kg Gulaschfleisch
1 kg Zwiebeln
1 EL Schweinefett oder Öl
1 EL Paprikapulver
1 Spritzer Apfelessig
Salz, Pfeffer, Kümmel, Lorbeerblatt
3 EL Tomatenmark
1 EL Maizena zum Binden

- Zwiebeln feinwürfelig schneiden
- in Fett anbraten
- würfelig geschnittenes Fleisch mitrösten
- Paprikapulver dazugeben
- mit Essig ablöschen
- mit Suppe oder Wasser aufgießen
- Gewürze dazugeben
- ca. eine Stunde (je nach Fleischart) köcheln lassen
- zuletzt mit Maizena binden

Beilage: *Semmelknödel, Salzkartoffeln, Spatzeln*

Wildbraten

1 kg Wildfleisch
150 g Speck
2 Karotten
1/2 Sellerie
1 Petersilienwurzel
1/2 Stange Lauch
1/2 Zwiebel
2 Zehen Knoblauch
Salz, Pfeffer
Wacholderbeeren
Majoran, Thymian, Rosmarin
5 Tannennadeln
1/4 l Rotwein
1/8 l Rahm
2 EL Preiselbeeren

- Fleisch mit Speck spicken
- mit Gewürzen einreiben
- anbraten oder im Römertopf braten
- Wurzelwerk dazugeben
- mit Wein aufgießen
- unter öfterem Begießen fertiggaren
- Wurzelwerk passieren (mixen)
- mit Rahm verfeinern
- eventuell mit 1 KL Maizena eindicken
- Preiselbeeren dazugeben
- einmal aufkochen lassen

Beilage: *Spatzeln, Semmelknödel, Blaukraut, Gemüse*

Tiroler Gröstl

1 kg gekochte Erdäpfel
1 mittlere Zwiebel
300 g gekochtes Rindfleisch (oder Bratenreste)
evt. etwas Bauchspeck
Petersilie, Majoran, Kümmel, Salz

- Erdäpfel kochen, schälen, blättrig schneiden
- Speck würfelig schneiden, anrösten
- feingehackte Zwiebel mitrösten
- mit würfelig geschnittenem Fleisch und den Erdäpfeln vermischen
- würzen

Beilage: *mit Spiegelei servieren*

Schwammerltoast

1 Zwiebel
1/2 kg Schwammerl
Petersilie
Kräutersalz
Toastbrot oder Schwarzbrot
Käsescheiben

- feinwürfelig geschnittene Zwiebel in Butter andünsten
- geputzte Schwammerl mitrösten
- mit Kräutersalz und Petersilie würzen
- auf Brotscheiben verteilen
- mit Käsescheiben belegen
- kurz überbacken

Tipp: *Schwammerl mit einem Pinsel trocken abputzen, erst danach kurz waschen!*

Löwenzahnsalat (Zigoriesalat)

junge Löwenzahnblätter
Erdäpfel
Essig, Öl, Senf
Zwiebel, Knoblauch
Salz

- Löwenzahnblätter waschen, im kalten Wasser einweichen (dadurch verliert er Bitterstoffe)
- Erdäpfel kochen, schälen, blättrig schneiden
- mit Marinade aus Essig, Öl, Senf, Zwiebel und Knoblauch anmachen
- würzen
- zuletzt in Streifen geschnittene Löwenzahnblätter untermischen

Tipp: *Für die Entschlackung im Frühjahr geeignet!*

Glasierte Karotten mit Thymianbutter

2 kleine Karotten
pro Person
etwas Butter
1 KL Zucker
Thymian
Kräutersalz

- kleine Karotten bissfest kochen
- Butter und Zucker in einer Pfanne zergehen lassen, leicht karamellisieren
- Karotten darin schwenken
- mit Kräutersalz und frischem Thymian würzen

Kümmelerdäpfel

6 große Erdäpfel
Olivenöl
3 Knoblauchzehen
Kümmel
Salz

- Erdäpfel schälen
- in ca. 1/2 cm dicke Scheiben schneiden
- Olivenöl mit Knoblauch und Salz vermischen
- Erdäpfelscheiben damit einstreichen
- Kümmel darüberstreuen
- im Rohr bei 190 °C ca. 45 Minuten backen

Beilage: *ideale Beilage zu Grillgerichten!*
Tipp: *mit Salaten ein gutes Abendessen!*

Kürbiskraut

1 kg Kürbiskraut
1 Zwiebel
1 EL Butter
1 EL Paprika
1 EL Apfelessig
Salz, Petersilie, Knoblauch
evt. etwas Rahm

- kleinwürfelig geschnittene Zwiebel in Butter andünsten
- Kürbis grob raffeln und dazugeben
- würzen
- ca. 15 Minuten dünsten
- zuletzt evt. mit Rahm verfeinern

Kürbiskerngugelhupf

5 Eier
250 g Zucker
1 EL Vanillezucker
2 EL Rum
1/8 l Milch
1/8 l Kürbiskernöl
150 g Mehl
150 g Kürbiskerne
1/2 KL Backpulver

- Eier mit Zucker und Geschmackszutaten schaumig rühren
- Milch und Öl dazugeben
- Mehl mit geriebenen Kürbiskernen und Backpulver vermischen
- in die Eiermasse vorsichtig unterheben
- in eine befettete und bemehlte Gugelhupfform füllen
- bei 180 °C ca. 40–50 Minuten backen

Ehenbichler Festtagsschnitten

350 g Mehl
200 g Butter
100 g Zucker
4 Dotter
etwas Backpulver
Johannisbeermarmelade

Belag:
2 KL Brösel
etwas Zimt
4 Eiklar
1/4 kg Zucker
150 g geriebene Mandeln
3 Rippen geriebene Schokolade

- Mehl mit Zucker und Backpulver vermischen
- Butter abbröseln
- mit Dotter rasch zu einem Mürbteig verkneten
- kühl rasten lassen
- Teig auf Blechgröße dünn auswalken
- auf ein befettetes Blech legen, halbfertig backen bei 180 °C Heißluft
- Johannisbeermarmelade daraufstreichen
- Belag darübergeben
- fertig backen

Belag:

- aus Eiklar sehr steifen Schnee schlagen
- Zucker dazugeben
- mit den restlichen Zutaten vermengen

Tipp: *noch heiß mit feuchtem Messer zu Rhomboiden schneiden!*

Sauermilchsulz

1 l Sauermilch
2 EL Zucker
Schale einer ungespritzten Zitrone
6 Blatt Gelatine
2 EL Rum
1 Pkg. Vanille
Früchte der Saison

- Gelatine in kaltem Wasser einweichen
- 2 Löffel Wasser erhitzen, Gelatine darin auflösen
- Milch mit Zucker, Rum, Vanille, Zitronenschale und der aufgelösten Gelatine vermischen
- in mit kaltem Wasser ausgeschwenkte Formen füllen
- einige Stunden kaltstellen
- verschiedene Früchte, je nach Jahreszeit, mixen, mit Zitronensaft und Zucker oder Honig abschmecken
- Sulze stürzen, mit gemixten Früchten garnieren

Schokoladetraum

1/4 kg Butter
1/4 kg Staubzucker
1/4 kg geriebene Mandeln oder Nüsse
1/4 kg erweichte Schokolade (nicht zu warm!)

- Butter und Staubzucker schaumig rühren
- Schokolade und Nüsse dazumengen
- kühl stellen
- Kugerln formen
- mit einer halben Mandel verzieren
- bei 150 °C langsam backen

Tipp: *Backtemperatur eher niedrig halten!*

Waffeln

300 g Butter
300 g Zucker
300 g Mehl
8 Eier

Dinkel oder Weizen (fein vermahlen) statt normalem Weizenmehl verwenden

- Butter flaumig rühren
- Eier dazugeben
- mit Zucker gut vermischen
- Mehl nach und nach beimengen
- und noch einmal gut durchrühren
- Form befetten (Waffeleisen)
- goldgelb backen

Tipp: *mit Staubzucker, vermischt mit Vanillezucker und Zimt, bestreuen*

Einfache Keks

1 1/2 kg Mehl
3/4 kg Zucker
1/4 kg zerlassene Butter
1 Backpulver
1 Vanille
Salz
2 EL Anis
10 g Natron
10 g Hirschhornsalz
2–3 Eier
1/2 l Milch

Vollgetreide verwenden!

- alle Zutaten gut verkneten
- Teig messerrückendick auswalken
- runde Scheiben ausstechen
- bei 180 °C hell backen

Streuselkuchen

Teig:
250 g Topfen
9 EL Öl
9 EL Milch
100 g Zucker
450 g Mehl
Obst zum Belegen

Streusel:
250 g Mehl
150 g Butter
150 g Zucker
Zimt

fein gemahlenen Weizen oder Dinkel verwenden

- Topfen mit Öl, Milch und Zucker verrühren
- die Hälfte des Mehls dazurühren
- mit dem restlichen Mehl zu einem weichen Mürbteig verkneten
- ein befettetes Backblech mit dem Teig auslegen
- Früchte darauf verteilen (Moosbeeren, Ribisel, Zwetschken …)
- mit Streusel abdecken
- ca. 3/4 Stunde bei 180 °C backen

Streusel:

- Butter in einer Pfanne zerlaufen lassen
- Mehl, Zucker und Zimt damit vermischen
- abbröseln und über die Früchte geben

Hefewaffeln

3/4 l Milch
1/2 kg Mehl
30 g Butter
3–4 Eier
20 g Germ
1 Prise Salz
Zucker und Zimt zum Bestreuen

- Mehl, lauwarme Milch, zerlassene Butter, Dotter und Germ zu einem dicklichen Teig anrühren
- Eiklar zu festem Schnee schlagen, locker untermischen
- ca. 1 Stunde zugedeckt an einem warmen Ort gehen lassen
- Waffeln backen
- mit Zucker und Zimt bestreuen

Germkeks

330 g Mehl
250 g Butter
20 g Germ
2–3 EL Milch
Salz
100 g Zucker

- Mehl, Zucker und Butter abbröseln
- mit Dampfl vermischen
- Teig kneten
- 3 Stunden im Schnee oder Kühlschrank rasten lassen
- auswalken
- Streifen radeln
- bei 180–190 °C Heißluft backen
- mit Zucker bestreuen

Variante: *Ohne Zucker ist es ein Salzgebäck: vor dem Backen mit Ei bestreichen und eventuell mit Kümmel und Käse bestreuen.*

Grammelkuchen

300 g Grammeln
300 g geriebene Walnüsse
4 Eier
250 g Zucker
1 Pkg. Vanille
Rum
Zimt
300 g Dinkel
1 Pkg. Backpulver
eventuell etwas Milch
Marmelade

- Grammeln faschieren
- alle trockenen Zutaten miteinander vermischen
- Eier dazugeben
- zu einem Mürbteig zusammenkneten
- ein wenig Teig für das Gitter auf die Seite geben
- den restlichen Teig auswalken
- auf ein Blech geben und mit Marmelade bestreichen
- das Teiggitter auflegen
- bei mittlerer Hitze backen

Topfengitterkuchen

5 Eier
300 g Zucker
1 EL Vanillezucker
2 EL Rum
1/8 l Milch
1/8 l Öl
300 g Mehl
1/2 KL Backpulver

Spritzgitter:
750 g Topfen
2 Pkg. Vanillepuddingpulver
3 EL Zucker
1 EL Rum
2 Eier

- Eier mit Zucker und Geschmackszutaten schaumig rühren
- Milch und Öl dazugeben
- Mehl mit Backpulver vermischen
- in die Eiermasse vorsichtig unterheben
- auf ein mit Backpapier ausgelegtes Blech streichen
- Topfenmasse in einen Spritzsack füllen
- gitterförmig aufspritzen
- bei 180 °C ca. 30–40 Minuten backen

Topfenmasse:

- Topfen mit Zucker, Rum, Dotter und Puddingpulver verrühren
- Eiklar steif schlagen und unterheben

Milch

ist mehr als nur ein Getränk

Rohmilch enthält viele Nährstoffe, Vitamine und Mineralstoffe in hoher biologischer Wertigkeit, daher ist Milch ein wichtiges Lebensmittel für unsere Gesundheit.

Mit Milch ist für Abwechslung auf unserem Speiseplan gesorgt, denn sie lässt sich sehr vielfältig zu verschiedensten Produkten „veredeln".

Biologische Landwirtschaft ist in Tirol nicht nur ein Schlagwort, sondern für viele Bauern ein klares Bekenntnis zu artgerechter Haltung, Qualität und Frische. Diese hochwertigen Lebensmittel dienen uns Konsumenten als Basis für die fantasievolle Weiterverarbeitung.

Dabei können einige Tipps nützlich sein:

- Milch ist ein „sensibles" Produkt, daher ist Sauberkeit und genaues Arbeiten unbedingt erforderlich.
- Milch zu Sauermilchprodukten verarbeitet, ergibt eine leichtere Verdaulichkeit, da das Milcheiweiß bereits „vorverdaut" ist.
- Bei der Verarbeitung von Milch zu Butter und Topfen empfiehlt es sich, die Säuerung des Rahmes und der Magermilch durch Zugabe von Sauermilchbakterien (aus einem Packerl) zu lenken (konstante Qualität).

- Für die Bereitung von Käse braucht es einige Erfahrung und Übung, daher ist es sinnvoll, vorher Kurse zu besuchen bzw. Gespräche mit Erzeugern zu führen.

„Eine Kuh deckt den Tisch", heißt ein alter Spruch. Mit viel Fleiß und guten Ideen kann dieser sehr vielfältig und abwechslungsreich gedeckt werden.

Mahlzeit und Gesundheit mit Milch und Milchprodukten, am besten direkt vom Bauernhof!

Weichkäse

Vollmilch
Sauermilch

- Milch auf 32 °C erwärmen
- Sauermilchbakterien, ca. 1 EL pro Liter Milch (1/2 % der Milchmenge) zusetzen
- 20 Minuten reifen lassen
- 1/2 KL Lab mit 1/8 l kaltem Wasser vermischt (bei ca. 10 l Milch) in die ca. 30 °C Milch einrühren
- Milch soll in 30–40 Minuten dickgelegt sein
- Bruch von 3 × 3 cm Würfel schneiden
- ca. 1/4 Stunde ruhen lassen
- Bruch mit einer Teigkarte 2 bis 3 Mal umlegen (verziehen), nicht verrühren
- in gelochte Formen abschöpfen, anfangs in kurzen, später in längeren Abständen umdrehen (4 bis 6 Mal)
- nach 6–8 Stunden Käse aus der Form nehmen
- in einem warmen Raum stehen lassen
- mit Salz einreiben oder in ein 18–20 %iges Salzbad legen (für ein 200 g großes Stück rechnet man ca. 3 Stunden)
- kühl und luftig lagern, täglich wenden

Tipp: *Dieser Käse eignet sich sehr gut zum Einlegen in Öl mit verschiedenen Kräutern.*

Topfen mit Lab

5 l Vollmilch oder Magermilch
1/8 l Sauermilch
1 Tropfen Lab

- Milch nach dem Melken bei ca. 28 °C mit Sauermilchkultur (aus einem Sauermilchpackerl) impfen
- ca. 2 Stunden stehen lassen
- bei ca. 20 °C mit Lab versetzen (1 Tropfen Lab mit 1/8 l kaltem Wasser vorher verrühren)
- nach ca. 4–6 Stunden soll die Milch dick sein
- in Würfel schneiden (1 × 1 cm)
- ca. 10 Stunden stehen lassen
- Molke tritt aus, Topfen setzt sich unten ab
- abseihen, einige Stunden gut austropfen lassen
- mit der Küchenmaschine mixen (Mixer)

Tipp 1: *Mit Vollmilch wird der Topfen geschmeidiger, dieser Topfen eignet sich sehr gut zur Herstellung von Torten und anderen Süßspeisen.*

Tipp 2: *Lab immer im Kühlschrank aufbewahren, es baut sich mit der Zeit ab, dann stärkere Konzentration verwenden!*

Tipp 3: *Lab und Thermometer sind bei der Firma Hundsbichler in Kufstein, eventuell auch in Apotheken, Drogerien oder Käsereien erhältlich!*

Nuanzen

Magermilchtopfen
Salz
Kümmel

- selbst erzeugten Topfen gut abtropfen lassen (am besten über Nacht)
- mit Salz und Kümmel gut durchkneten
- Kegel formen, trocknen lassen, bis sie ganz hart sind (mindestens 1 Woche, eventuell am Balkon)
- dann täglich mit Salzwasser waschen
- mit feuchtem Tuch bedecken
- in der Speis reifen lassen (kühler Raum)

Holunderessig

10 Hollerblüten
2 l Weinessig oder Apfelessig

- Blüten mit Essig übergießen
- 14 Tage in der Sonne zugedeckt stehen lassen
- abseihen und abfüllen

Tipp: *In kleine Flaschen abgefüllt mit selbst gestalteten Etiketten ist dieser Essig ein besonderes Mitbringsel.*

Hollerblüten finden nicht nur in der Volksheilkunde, sondern auch in der Küche Verwendung. Als saisonale Delikatesse (nur wenige Wochen im Mai) gelten z.B. die Hollerkiachl (das Rezept dazu finden Sie auf S. 25).

Hollerlikör

1 l abgerebelte Hollerbeeren
1 l Wasser
1 Zimtstange
2 Nelken
1/4 kg Zucker
Vanillezucker
1/4 l Obstler
1/4 l Rum

- Hollerbeeren mit Wasser und Gewürzen 1/2 Stunde kochen
- abseihen
- mit Zucker und Vanillezucker aufkochen
- abkühlen lassen
- Alkohol dazugeben

Tipp: *mit Weißwein aufspritzen: ergibt einen gesunden Aperitif!*

Variante: *Wem das Abrebeln zu viel Arbeit macht, der kann den Holler auch dampfentsaften.*

Hollerpunsch

10 l Wasser
3/4 kg Zucker
1/4 l Weinessig oder Apfelessig
2–3 Zitronen ungespritzt oder 1 Handvoll Zitronenmelissenblätter
25 Hollerblüten

- alle Zutaten vermischen
- 24 Stunden in der Sonne stehen lassen
- abseihen
- in Flaschen füllen und verschließen

Tipp: *Je mehr Kräuter verwendet werden, umso intensiver schmeckt das Getränk.*

Variante: *statt Hollerblüten:*
Lindenblüten
Schafgarben
Erdbeerblätter
Schwarze Johannisbeerblätter
Waldmeister
Zitronenmelisse

Johannisöl

Johanniskrautblüten
kaltgepresstes
Öl (Oliven- oder
Sonnenblumenöl)

hilft bei allen Verbrennungen (auch Sonnenbrand), äußerlich einreiben

- Johanniskrautblüten abzupfen
- in eine Flasche füllen
- mit Öl auffüllen
- mindestens 3 Wochen an der Sonne stehen lassen (das Öl färbt sich rot)
- abseihen
- in dunklen Flaschen aufbewahren

Johanniskrautschnaps

guter Bauernobstler
oder echter Kornschnaps
Johanniskrautblüten

hilft bei Magenleiden und Depressionen – teelöffelweise einnehmen

- Blüten in Schnaps ansetzen
- mindestens 3 Wochen an der Sonne ausziehen lassen
- abseihen und abfüllen

Arnikaschnaps

guter Bauernobstler
oder echter Kornschnaps
Arnikablütenblätter

bei Verstauchungen und Verrenkungen einreiben; zum Desinfizieren von Wunden

- Arnikablütenblätter abzupfen
- in Schnaps ansetzen
- mindestens 3 Wochen an die Sonne stellen
- abseihen und abfüllen

Molkehonig

1 1/2 l Molke
2 kg Zucker

- 1 Stunde sprudelnd kochen lassen
- dann 2–3 Stunden langsam weiterköcheln
- nicht abschäumen
- in Gläser füllen und verschließen

Karamellzuckerl (Hustenzuckerl)

1/2 l Milch
1/2 kg Zucker

- Milch mit Zucker unter ständigem Rühren kochen, bis sie leicht bräunlich ist
- ein Kuchenblech mit Öl bestreichen
- die Masse einschütten und gleichmäßig verteilen
- mit beöltem Messer schneiden (Linien ziehen, damit man die Zuckerln nach dem Erstarren in kleine Würfel brechen kann)

Oberland

Die klimatischen und geografischen Bedingungen der Landwirtschaft sind in vielen Gegenden des Oberlandes nach wie vor schwierig. Oft können moderne Maschinen mühsame Handarbeit nicht ersetzen. Doch Landwirtschaft ist auch unverzichtbare Landschaftspflege. Nicht nur im kulinarischen Bereich werden bäuerliche Traditionen heute wieder mehr geschätzt.

Im Tiroler Oberland mit seinem inneralpin geprägten Klima war der Mais („Türggen") eine wichtige Nahrungspflanze. Ob als Mus, Wirrler oder Tarpl, er war fast das Hauptnahrungsmittel. So heißt es auch: „A Türgg'acker isch a halbe Bauernschaft."

In den kargen Gegenden des Oberlandes wurde oft so mit Schmalz und Butter gespart, dass man sich in manchen Orten die Geschichte vom allzu trocken ausgefallenen Mus erzählt. Wenn es zum Auskühlen vor der Tür stand, konnte es leicht von einem Windstoß auf die andere Talseite getrieben werden.

Eine Oberländer Spezialität sind die Drucknudeln. Der Nudelteig wurde meistens aus Maismehl hergestellt, durch die „Nudeldruck" gepresst, im Salzwasser gekocht und in heißer Butter geschwenkt.

Das folgende Inventar zur Hinterlassenschaft des Lukas Scharmer in Untermieming von 1793* gibt uns Einblick in Vorräte und Küche eines bäuerlichen Haushaltes:

Im Keller:
4 Star Erdäpfel
60 Pfund Schmalz
6 Pfund Butter
2 Krautprenten so halb mit Kraut gefüllt
Zwey Krautkübelen
Ein Nudeldruck

In der Stubenkammer:
geselchtes Fleisch von einer ganzen Kuhe
Spöck und Fleisch von einem ganzen Schwein
22 Star Tirken
8 Star Gersten
5 Star Weizen
3 Star Visöln (Bohnen)
1 Star Erbslen
2 Star Salz
Ein Zettlbrett (Krauthobel)

In der Küche:
Acht eiserne Pfannen
Ein deto kupferne
Drey glockspeisen Hafen
Ein kupferner deto
Sieben große erdene Schüsseln
Ein Dreyfuß
Ein Seichgatz, drey Köllen
Ein Mueser und ein Kuchlspiß ...

*Actum Untermiemingen, Gericht St. Petersberg vom 14.3.1793 (Privatbesitz)

Über die Region

Das **Oberland**, westlich von Innsbruck gelegen, umfasst die Seitentäler des Oberinntals: Ötztal, Pitztal, Kaunertal, Paznaun- und Stanzertal. Dies entspricht den politischen Bezirken Landeck und Imst. Insbesondere das Ötztal (mit den eindrucksvollen Ötztaler Alpen) und das Pitztal sind beliebte Destinationen für Sommer- und Wintertouristen. Das Oberland ist unter anderem berühmt für das lebendige Fasnachtsbrauchtum (z.B. Imster Schemenlaufen), das mit bäuerlicher Tradition und Kochkunst untrennbar verbunden ist.

Erdäpfelsuppe

3 große Kartoffeln
1 Karotte
1 Zwiebel
Salz, Kümmel, Majoran,
Lorbeerblatt, Petersilie
1–1,5 l Wasser
30 g Mehl
30 g Butter

- fein geschnittene Zwiebel in Butter anlaufen lassen
- Mehl hell anschwitzen lassen
- mit Wasser aufgießen
- würfelig geschnittene Erdäpfel, Karotte und Gewürze dazugeben
- leicht köcheln lassen
- abschmecken

Variante: *würfelig geschnittenen Speck mitkochen*

Rahmsuppe

6 Scheiben Schwarzbrot
3/4 l Wasser
Salz
1/4 l saurer Rahm

- Schwarzbrot in Würfel schneiden und im Rohr bähen
- Wasser mit Salz aufkochen
- Rahm dazugeben
- Brotwürfel damit übergießen
- vor dem Essen etwas ziehen lassen

Variante: *Kümmel dazugeben*

Milchsuppe

1 l Milch
1/4 l Wasser
etwas Salz
dünn geschnittenes
Schwarzbrot

- Brotscheiben (und Kartoffeln) mit der kochenden Flüssigkeit übergießen
- vor dem Essen ziehen lassen

Tipp: *2 große gekochte, geriebene Kartoffeln zusätzlich dazugeben*

Brennsuppe

50 g Butter
50 g Mehl
1 l Wasser
1/8 l Rotwein
1 Lorbeerblatt
Kümmel
2–3 rohe Kartoffeln
Ziegerkäse

- Mehl in Butter anrösten, bis es leicht braun wird
- mit Wasser aufgießen
- Gewürze und Wein dazugeben
- Kartoffeln blättrig schneiden, mitkochen
- mit geriebenem Zieger servieren

Variante: *würfelig geschnittenen Bergkäse statt Zieger dazugeben!*

Kassuppn

50 g Butter
1 kleine Zwiebel
100 g Bergkäse
100 g Graukäse
3/4 l Wasser
1/4 l Rahm
2 Erdäpfel
Salz, Pfeffer, Kümmel
Schnittlauch
2 Schwarzbrotscheiben

- fein geschnittene Zwiebel in Butter anrösten
- rohe Erdäpfel kleinwürfelig schneiden, ebenso Graukäse und Bergkäse
- diese Zutaten mit Wasser zur Zwiebel geben
- ca. 20 Minuten leicht köcheln lassen
- würzen
- zuletzt Rahm dazugeben, einmal aufkochen lassen
- mit gerösteten Schwarzbrotwürfeln und Schnittlauch bestreuen

Bärlauchsuppe

30 g Butter
30 g Mehl
ca. 1 l Milch
Salz, Pfeffer, Muskat
1 große Handvoll Bärlauchblätter
1/8 l Rahm
2 Dotter

- Mehl in Butter anschwitzen
- mit Milch aufgießen
- würzen
- fein geschnittene Bärlauchblätter dazugeben
- zuletzt Rahm vermischt mit Dotter einrühren
- kurz aufkochen lassen

Spargelrisotto

2 EL Olivenöl
1 kleine Zwiebel
500 g Risottoreis
Salz
ca. 1 l Geflügelsuppe od. Wasser
1/8 l Weißwein
500 g Grünspargel
2 EL Butter
50 g gehobelter Parmesan
Petersilie, Thymian, Rucola

- Zwiebel würfelig schneiden, mit Olivenöl glasig andünsten
- Reis dazugeben, mit heißer Suppe oder Wasser nach und nach aufgießen
- umrühren
- Spargel am unteren Drittel schälen, 3 cm lange Stücke schneiden
- mitdünsten – ca. 15 Minuten lang leicht köcheln lassen
- würzen
- mit Gabel auflockern
- zuletzt Butter und etwas Parmesan unterrühren
- mit gehobeltem Parmesan servieren

Variante: *Anstatt Spargel anderes Gemüse verwenden!*

Kaskiachl

6 Scheiben Stangenkäse, ca. 3 mm dick

Backteig:
200 g Mehl
2 Eier
Salz
ca. 1/8 l Bier
Backfett

Vollgetreide verwenden!

- Mehl, Eier, Salz und Bier zu einem Backteig verrühren
- Käsescheiben in Mehl drehen
- in Backteig eintauchen
- sofort im schwimmenden Fett goldbraun auf beiden Seiten ausbacken

Beilage: *Grüner Salat*
Getränk: *Milch*

Tarpl (Erdäpfelwirrler)

3/4 kg Erdäpfel
ca. 1/2 kg Mehl
Salz

Dinkel oder Weizen (fein vermahlen) statt normalem Weizenmehl verwenden

- Erdäpfel kochen, schälen
- erkaltet durch die Erdäpfelpresse drücken oder aufreiben
- mit Salz und Mehl vermischen und verbröseln
- in heißem Fett rösten

Getränk: *Jede Art von Milch schmeckt gut dazu.*

Beilage: *Tarpl wird gegendweise verschieden benannt und mit unterschiedlichen Beilagen gegessen:*

- im Oberland als Tarpl bekannt, wird dazu Milch getrunken
- im Unterland (Erdäpfelwirrler oder Erdäpfelmuas genannt) isst man dazu Marmelade oder verschiedene Kompotte, eventuell auch Sauerkraut oder Salat
- im Wipptal werden zuletzt Beeren (Moosbeeren, Heidelbeeren) dazugegeben und mitgedünstet, dazu trinkt man Milch.

Tipp: *keine frischen Erdäpfel verwenden, da sie zuviel Flüssigkeit enthalten und der Tarpl klumpig wird*

Blutmandl

1/4 l Schweineblut
1/4 l Milch
1 kleine geröstete Zwiebel
2 Knoblauchzehen
Salz, Pfeffer, Majoran
1 Schweinenetz
1 Handvoll Knödelbrot

- Blut ständig rühren, damit es nicht gerinnt
- mit Milch und Gewürzen vermischen
- in ein Reindl das Schweinenetz legen – es soll über den Rand hinaushängen
- das Knödelbrot darübergeben
- die Blutmasse eingießen
- mit dem Netz abdecken
- im Rohr bei ca. 200 °C so lange backen, bis das Netzfett oben knusprig wird

Beilage: *geröstete Erdäpfel, Sauerkraut*

Erdäpfelgulasch

3/4 kg Erdäpfel
1 große Zwiebel
100 g Bauchspeck
2 Karotten
1 Lauchstange
1 KL Paprika
1 Spritzer Essig
ca. 1 l Wasser
Kümmel, Salz, Majoran

- würfelig geschnittenen Speck glasig anlaufen lassen
- fein geschnittene Zwiebel mitrösten
- Paprikapulver dazugeben
- mit einem Spritzer Essig ablöschen
- mit Wasser aufgießen
- Erdäpfel in große Würfel schneiden und dazugeben
- Karotten und Lauch klein schneiden, mitkochen
- würzen
- zuletzt eventuell mit Teigerl binden (1/8 l kaltes Wasser mit 1 EL Mehl gut versprudeln und einrühren)

Getränk: *Milch*

Lauchtoast

12 Scheiben Toastbrot
(oder Schwarzbrot)
1 Stange Lauch
200 g Schinken
200 g geriebener Käse
1 Becher Sauerrahm
Salz

- Lauch sauber putzen und ringelig schneiden
- Schinken würfeln und dazugeben
- geriebenen Käse untermengen
- mit Sauerrahm vermischen
- würzen
- auf Brotscheiben aufstreichen
- im Rohr kurz überbacken

Gschnittene Nudeln (Schneidnidei)

300 g Mehl
1 Ei
Salz
lauwarmes Wasser
Salzwasser
200 g geriebener Käse
50 g Butter
1 Zwiebel
Schnittlauch

Vollgetreide verwenden!

- Nudelteig bereiten
- gut durchkneten
- auswalken
- Nudeln schneiden
- in Salzwasser bissfest kochen
- abschrecken
- Zwiebel in Butter anrösten
- Nudeln dazugeben
- zuletzt Käse untermischen
- mit Schnittlauch servieren

Beilage: *Tomatensauce, Salate*

Hasenohren

Teig:
400 g Mehl
1 Prise Salz
2 Eier
2 EL Rum
50 g Butter
etwas warme Milch

Schlamperkraut:
1/2 kg Kraut
1/2 Zwiebel
1 Knoblauchzehe
Kümmel, Lorbeerblatt
1 EL Mehl
1 EL Butter
Wacholderbeeren

- festen Nudelteig bereiten
- 1 Stunde ruhen lassen
- messerrückendick auswalken
- Vierecke ausradeln
- in Fett schwimmend goldgelb backen
- mit Fett übergießen, damit sie aufgehen

Beilage: *Schlamperkraut*

- Kraut dünsten
- mit Knoblauch, Kümmel, Lorbeer, Wacholderbeeren vermischen
- eine leichte Einbrenn (mit Zwiebel) zubereiten, aufgießen
- mit dem Kraut vermischen

Kluanmehlnudeln

300 g Kluanmehl
(= sehr feines Maismehl)
250 g Weizenmehl
1 Ei
Salz
etwas Wasser
Butterschmalz
zum Anbraten
1/8–1/4 l Sauerrahm

Vollmehl verwenden, eventuell 1 Ei mehr!

- alle Zutaten zu einem festen Teig vermischen
- gut durchkneten
- zugedeckt mindestens 1/2 Stunde stehen lassen
- dann tellergroße dünne Blätter austreiben
- auf ein bemehltes Tuch zum Antrocknen auflegen (ca. 1/2–1 Stunde lang)
- dann leicht mit Grieß bestreuen, zusammenrollen (Teigblätter dürfen nicht zu trocken sein, sonst werden sie brüchig)
- wie Frittaten aufschneiden – die Nudeln dürfen nicht zusammenkleben
- in einer Pfanne etwas Butterschmalz erhitzen
- Nudeln darin anrösten
- zum Schluss mit Sauerrahm aufgießen und eindämpfen lassen
- heiß servieren

Getränk: *Buttermilch oder gestockte Milch*

Beilage: *Salate*

Wassermus

100 g Speck
1 l Wasser
ca. 10 EL feines Türkenmehl

- kleinwürfelig geschnittenen Speck anrösten
- mit Wasser aufgießen
- Türkenmehl einrühren
- leicht salzen
- langsam kochen lassen, bis am Boden der Pfanne eine dicke „Scharra" ist

Variante 1: *vorher aus 50 g Butter und 50 g Mehl eine Einbrenn bereiten, dann erst aufgießen und Türkenmehl einrühren*

Variante 2: *Speck weglassen und mit Käse bestreuen*

Weinmus

1/2 l Wasser
1/2 l Rotwein
6 EL glattes Mehl
6 EL griffiges Mehl
1 Prise Salz

- Wasser und Wein vermischen, leicht salzen
- Mehl einrühren
- unter ständigem Rühren zum Kochen bringen
- nach Geschmack süßen

Tipp: *schnelles Abendessen!*

Kräuterforelle

6 Forellen
Rosmarin
Salbei
Petersilie
Estragon
und andere Kräuter
nach Geschmack
Salz
Zitronensaft
Butter
etwas Mehl

- Forellen säubern, mit Zitronensaft einreiben, leicht salzen
- Bauch mit etwas Butter und Kräutern füllen
- in Mehl tauchen und in Butter braten
- mit Zitronenscheiben und Petersilie servieren

Beilage: *Petersilerdäpfel, Salat*

Getränk: *ein gutes Glas Weißwein, denn „ein Fisch muss beim Essen schwimmen!"*

Gratinierte Erdäpfel

1 kg Erdäpfel
1 Stange Lauch
150 g Bauchspeck
200 g Käse
Salz, Muskat,
Oregano, Thymian,
Majoran, Rosmarin
1 Becher Sauerrahm
2 Eier

- Erdäpfel kochen, schälen, in Scheiben schneiden
- Lauch ringelig schneiden
- Speck würfelig schneiden, glasig anrösten, Lauch kurz mitrösten
- lagenweise Erdäpfel, Speck-Lauch-Masse und geriebenen Käse in eine Form füllen
- Sauerrahm mit Eier und Gewürzen vermischen
- Erdäpfel damit übergießen
- mit Käse bestreuen
- ca. 30 Minuten im Rohr überbacken

Biastkuchen

1/2 l Biast (= erste Milch nach dem Abkalben)
2 gestrichene EL Mehl
1 Msp. Backpulver
1 Msp. Salz
Zucker und Zimt zum Bestreuen

- Reindl ausfetten
- Biastmilch mit Mehl, Backpulver und Salz versprudeln
- einfüllen
- ca. 1/2 Stunde goldgelb backen (180 °C Heißluft)
- mit Zucker und Zimt bestreuen
- heiß servieren

Beilage: *Kompotte*
Getränk: *Milch in jeder Form*

Erdäpfelnocken (Apfelnocken)

3/4 kg Erdäpfel
2–3 Eier
Salz
etwas Mehl

Vollmehl verwenden!

- gekochte, kalte Erdäpfel schälen
- aufreiben und salzen
- mit Mehl und Ei binden
- mit einem Löffel Nocken formen
- auf beiden Seiten in wenig Butterschmalz rösten

Variante: *statt Erdäpfel rohe, grob geriebene Äpfel verwenden!*

Getränk: *Milch*

Beilage: *zu Erdäpfelnocken etwas Salat oder Sauerkraut*

Gefüllte Putenbrust

1 Putenbrust, ca. 1 kg
Salz, Rosmarin, Thymian
250 g Frischkäse (Gervais)
100 g feinwürfelig geschnittener Speck
1 roter, grüner und gelber Paprika, gewürfelt
1/8 l Weißwein
etwas Öl zum Anbraten

- Putenbrust einschneiden, sodass ein flaches Fleischstück entsteht
- mit Salz und Kräuter würzen
- mit Frischkäse bestreichen
- Speck und Paprikawürfel darüber geben
- einrollen und binden
- anbraten
- im Rohr in Bratfolie oder Römertopf fertig garen (ca. 1 Stunde)
- Sauce mit Weißwein verfeinern
- evt. mit Maizena und Rahm eindicken

Salbeischnitzel

6 Kalbsschnitzel (oder auch vom Schwein oder von der Pute)
6 Salbeiblätter
Salz
1/8 l Weißwein
etwas Öl zum Anbraten

- Schnitzel klopfen
- salzen
- mit Salbeiblatt einrollen
- zusammenstecken oder zusammenbinden
- Schnitzel in Fett anbraten
- mit Weißwein aufgießen
- ca. eine Stunde (je nach Fleischart) köcheln lassen
- evt. eindicken

Beilage: *Rosmarinerdäpfel, Nudeln, Reis, Risotto …*

Bachlkress

Brunnenkresse
Erdäpfel
Essig, Öl, Senf
Salz
Zwiebel

- Erdäpfel kochen, schälen, blättrig schneiden
- aus Essig, Öl, Senf, Salz und fein gehackter Zwiebel eine Marinade bereiten
- Erdäpfel damit anmachen
- zuletzt Bachlkresse daruntermischen

Tipp: *ein gesunder, guter Frühlingssalat!*

Gedörrte Zwetschkensauce

250 g gedörrte Zwetschken
2 EL Zucker
1/2 KL Zimt
1 Msp. Nelkenpulver
1/2 l Rotwein

- Zwetschken mit Wein, Zucker und Gewürzen aufkochen
- heiß zu fettgebackenen Speisen servieren

Eingebrannte Erdäpfel

1/2 kg Erdäpfel
1 Zwiebel
30 g Butter
30 g Mehl
ca. 1/2 l Wasser
1 Schuss Essig
Knoblauch
Salz
Petersilie

- Erdäpfel kochen, schälen
- erkaltet in Scheiben schneiden
- Zwiebel und Knoblauch in Butter anlaufen lassen
- Mehl anbräunen
- mit Wasser aufgießen, gut versprudeln
- würzen
- Erdäpfel einlegen und einmal aufkochen lassen

Beilage: *passt gut zu Geselchtem, zu Schweinshaxen oder gekochtem Rindfleisch*

Oberländer

1 kg Erdäpfel
Butterschmalz
Salz

- Erdäpfel schälen
- feinblättrig direkt in eine Pfanne hobeln (etwas Butterschmalz vorher in die Pfanne geben)
- solange rösten, bis die Erdäpfel durch sind
- zuletzt salzen

Beilage: *Spiegelei und Salat*

Erdäpfelschnitten

3 Eier
250 g Zucker
1 Zitrone
1 EL Rum
150 g gekochte, passierte Erdäpfel
150 g geriebene Haselnüsse
120 g Mehl
1 Pkg. Backpulver

Glasur:
250 g Staubzucker
Saft 1/2 Zitrone
1–2 EL heißes Wasser
1 EL Rum

Vollmehl verwenden!

- Eier mit Zucker, Vanille, Zitronensaft und Schale und Rum schaumig rühren
- gekochte, passierte Erdäpfel, Nüsse und Mehl vermischt mit Backpulver unterheben
- auf ein Backblech aufstreichen
- bei 170 °C ca. 40–45 Minuten backen
- erkaltet glasieren

Glasur:
- Alle Zutaten zu einer glatten Masse zusammenrühren!

Tipp: *vor dem Glasieren mit heißer Marmelade bestreichen!*

Flachszöpfe

1/2 kg Mehl
1/4 kg Butter
2 Eier
20 g Germ
1 Pkg. Vanille
1 Prise Salz

Vollmehl verwenden!

- Dampfl bereiten
- Mehl, Butter, Salz und Vanille verbröseln
- mit Eiern und Dampfl rasch zusammenkneten
- kleine Zöpfe drehen
- in grobem Zucker wälzen
- gehen lassen
- ca. 20 Minuten langsam backen (180 °C Heißluft)

Linzer Schnitten

250 g Butter
250 g Zucker
1 KL Vanillezucker
etwas Rum
4 Eier
250 g Nüsse
250 g Mehl
1 KL Zimt
1 Msp. Nelkenpulver
1/2 KL Backpulver

250 g Ribiselmarmelade

Vollmehl verwenden!

- Butter mit Zucker, Eier und Geschmackszutaten abtreiben
- mit Backpulver vermischtes Mehl unterrühren
- 2/3 der Masse in eine befettete und bemehlte Backform geben
- Ribiselmarmelade darauf verteilen
- mit der restlichen Teigmasse ein Gitter aufspritzen
- Bei 180 °C ca. 40 Minuten backen

Zwetschkenfleck

Gerührter Germteig:
400 g Mehl
150 g Zucker
150 g Butter
4 Eier
1 Pkg. Germ
1 Pkg. Vanillezucker
1 EL Rum
1 Prise Salz
ca. 2 EL lauwarme Milch

Belag:
1 kg Zwetschken

Streusel:
300 g Mehl
200 g Butter
1 KL Zimt

- Butter, Zucker und Eier mit Geschmackszutaten schaumig rühren
- Germ mit Milch auflösen
- abwechselnd mit Mehl untermischen
- ca. 15 Minuten gehen lassen (warmer Ort)
- auf ein befettetes Blech streichen
- dick mit halbierten Zwetschken belegen (Innenseite nach oben)
- mit Streusel abdecken
- ca. 45 Minuten bei 180 °C Heißluft backen

Streusel:

- Butter in einer Pfanne zerlaufen lassen
- Mehl, Zucker und Zimt damit vermischen
- abbröseln und über Zwetschken geben

Erdäpfeltorte

200 g Butter
200 g Staubzucker
3 Eier
2 Rippen erweichte Schokolade
1/8 l Milch
1 Stamperl Rum
150 g gekochte, grob geraffelte Erdäpfel
100 g geriebene Nüsse
1/2 KL Zimt
1 Msp. Nelkenpulver
150 g Mehl
1 1/2 KL Backpulver

Schokoladecreme:
250 g Butter
1 Dotter
50 g Staubzucker
1/8 l Milch
80 g Zucker
1/2 EL Maizena
2 Rippen Schokolade

Vollgetreide verwenden!

- Butter mit Zucker und Dotter schaumig rühren
- erweichte Schokolade und Geschmackszutaten einrühren
- Eiklar zu festem Schnee schlagen
- Erdäpfel, Nüsse und Mehl, vermischt mit Backpulver, abwechselnd mit Milch und Abtriebmasse unterheben
- in eine befettete Tortenform füllen
- bei 160–170 °C ca. 70 Minuten langsam backen
- erkaltet zweimal durchschneiden, mit Creme füllen, außen damit bestreichen und beliebig verzieren

Creme:

- Butter, Zucker und Dotter schaumig rühren
- Milch, Zucker, Maizena und Schokolade unter ständigem Rühren einmal aufkochen
- kalt rühren
- zur Fettmasse geben und noch einmal gut durchrühren

Ongsanats

1 Zeile (Weißbrot)
ca. 1/2 l Milch
100 g geriebener Mohn
100 g Zucker
Zimt
150 g zerlassene Butter

- Zeile in Scheiben schneiden
- in warme Milch tunken
- Brot abwechselnd mit Mohn-Zucker-Zimt-Gemisch in Lagen in eine Schüssel schichten
- mit zerlassener Butter übergießen

Nui Schmalz

1/2 l Milch
60 g glattes Mehl
1 Prise Salz
1 Prise Zucker
1/4–1/2 kg Butter
Honig

- Mehl in Milch einkochen
- Salz und Zucker dazurühren
- zu einem dicken Brei einkochen
- handwarm auskühlen lassen
- dann zimmerwarme Butter langsam unterrühren, bis es schön weiß und flaumig ist
- über Nacht im Kühlschrank stehen lassen
- mit Honig übergossen servieren

Tipp: *Als Nachspeise eine Delikatesse – kann man auch zu Waffeln und Krapfen servieren!*
Diese Speise wurde früher nur zum Kirchtag zubereitet!

Joghurtkuchen

250 g Butter
400 g Zucker
4 Eier
6 Rippen erweichte Schokolade
1/2 l Joghurt
1 Löffel Rum
400 g Mehl
50 g Nüsse
1 Pkg. Backpulver

Vollgetreide verwenden!

- Butter mit Zucker und Dotter schaumig rühren
- erweichte Schokolade und Rum dazugeben
- Eiklar mit 1 Prise Salz zu steifem Schnee schlagen
- Mehl mit Backpulver vermischen
- Nüsse und den Abtrieb abwechselnd mit Joghurt in den Schnee unterheben
- in eine Springform füllen
- ca. 3/4–1 Stunde bei 180 °C Heißluft backen

Variante: *anstatt Joghurt Buttermilch oder Sauermilch verwenden!*

Ölgugelhupf

100 g Öl
4 Eier
1/4 kg Staubzucker
Saft und Schale einer ungespritzten Zitrone
1/8 l Wasser
280 g Mehl
1/2 Pkg. Backpulver
Vanille

Vollmehl verwenden!

- Öl, Dotter, Zucker und Geschmackszutaten schaumig rühren
- Eiklar zu festem Schnee schlagen
- abwechselnd Dottermasse, Mehl vermischt mit Backpulver und Wasser unterheben
- ca. 3/4–1 Stunde langsam backen (170–180 °C Heißluft)

Tipp: *bleibt sehr lange saftig!*

Bratäpfel

6 Äpfel (am besten Boskoop oder eine alte Landsorte)
Ribiselmarmelade zum Füllen
Butterflocken zum Bestreuen

- Kerngehäuse ausstechen
- Marmelade in das Loch geben
- in eine befettete Auflaufform geben
- mit Butterflocken belegen
- im Rohr ca. 30 Minuten bei 180 °C braten

Tipp 1: *Vanilleeis dazu servieren!*

Tipp 2: *ideale Nachspeise im Winter!*

Variante: *Füllung aus geriebenen Walnüssen, Zucker, Zimt und Rahm bereiten!*

Beilage: *als besondere Beilage zu Wildgerichten geeignet!*

Eiweißkuchen

8 Eiklar
100 g Butter
170 g Zucker
180 g Schokolade
100 g griffiges Mehl

Vollmehl verwenden!

- Eiklar zu festem Schnee schlagen
- Butter mit Zucker und erweichter Schokolade (nicht zu warm) flaumig rühren
- abwechselnd Mehl und Abtrieb in den Schnee einheben
- langsam backen
- eventuell mit Schokoladeglasur überziehen

Tipp: *ideale Eiweiß-Verwendung!*

Rhabarber-Apfel-Creme

1/4 l Apfelsaft
1/4 l Orangensaft
1/2 kg Rhabarber
3 Äpfel
100 g Zucker
3 EL Maizena

Vanillecreme:
1/4 l Milch
1/2 Pkg. Vanillepuddingpulver
2 EL Zucker
1/4 l Rahm

- Apfelsaft, Orangensaft und Zucker aufkochen
- Rhabarber- und Apfelwürfel dazugeben
- kurz kochen
- Maizena mit 3 EL kaltem Wasser anrühren
- Obstmasse damit eindicken
- in Dessertgläser halbvoll einfüllen
- erkalten lassen
- mit Vanillecreme abdecken und garnieren

Vanillecreme:

- Milch mit Zucker aufkochen
- in kalter Milch angerührtes Puddingpulver einrühren
- einmal aufkochen lassen
- überkühlen
- steifgeschlagenen Rahm unterziehen

Zitronensaft

1 kg Zucker
30 g Zitronensäure
3 ungespritzte Zitronen
1 l Wasser

- Zucker mit Zitronensäure, Zitronensaft und abgeriebener Zitronenschale vermischen
- mit kochendem Wasser überschütten
- erkalten lassen
- abseihen
- in Flaschen füllen

Tipp: *guter Saft zum Verdünnen*

Spitzwegerichsirup

Spitzwegerichblätter
Zucker

Hilft gegen Lungenerkrankungen

- ein 5-l-Glas mit großer Öffnung 2–3 cm mit frischen Spitzwegerichblättern bedecken
- Zucker darübergeben
- lagenweise Zucker und Spitzwegerich einschichten
- über Nacht stehen lassen (sinkt zusammen)
- am nächsten Tag weiter auffüllen
- gut verschließen
- im Garten eingraben
- 3 Monate in der Erde ziehen lassen (über den Sommer)
- herausnehmen, abseihen und abfüllen

Hustensaft

1 kg Fichtenwipferl
1 kg Föhrenwipferl
1,2 kg Zucker
1/2 l Wasser
2 ungespritzte Zitronen
2 Handvoll Spitzwegerich
3 Handvoll Almrosenblüten

Hilft bei hartnäckigem Husten

- Zucker und Wasser aufkochen und auskühlen lassen
- Wipferl dazugeben
- 2 ungespritzte Zitronen in Scheiben schneiden, dazugeben
- in ein Glas füllen
- 1 Woche in die Sonne stellen
- dann Spitzwegerich und Almrosenblüten dazugeben
- wieder 2 Wochen stehen lassen
- abfiltern und abfüllen

Ziegenmilch-Zugsalbe

1/4 l Ziegenmilch
1–2 Stk. Kernseife

Hilft z.B. bei einem eingetretenen Schiefer (Holzsplitter) oder kleineren Abszessen

- Ziegenmilch erhitzen
- Kernseife fein reiben
- dazugeben
- so lange kochen, bis eine dicke Salbe entsteht

Heilmittel

natürlich, erprobt und wirksam

Auch wenn bei Erkrankungen der Weg zum Arzt oft unvermeidlich ist, können wir mit Hilfe von einigen einfachen Rezepten den Heilungsprozess bei einer ganzen Reihe von Beschwerden unterstützen oder zumindest unser Wohlbefinden steigern.

Überlieferte Methoden, um Wehwehchen zu lindern, gibt es genug. Auch dieses Buch will auf einige bewährte Mittel aufmerksam machen. Neben Salben und Säften soll das Ansetzen von Heilkräutern in Alkohol und Öl aufgezeigt werden.

Für Alkoholansätze verwenden Sie am besten einen guten Bauernschnaps, für Ansätze in Öl (z.B. Johannisöl) sollen nur kalt gepresste Öle (Olivenöl, Sonnenblumenöl) Verwendung finden. Die Zeitdauer des Ausziehens soll mindestens 3 Wochen betragen.

Öle abseihen und in dunklen Flaschen kühl lagern, da gute Öle lichtempfindlich sind. Auch verschiedene Tees können heilsam wirken.

Schnapssuppe

1 EL Butter
1 EL Zucker
1 EL Mehl
1 Schale Wasser
1 Schuss Schnaps

Hilft bei Grippe

- Zucker im Butter karamellisieren
- eventuell 1 EL Mehl einrühren
- mit 1 Schale Wasser aufgießen und verkochen lassen
- mit einem guten Schuss Schnaps vermischen

Tipp: *heiß trinken und schwitzen … Gute Besserung!*

Wermutwein

1 l guter Rotwein
1 Zweig Wermut

Hilft bei Magenbeschwerden

- Wermut mindestens 3 Wochen im Wein ausziehen lassen
- abseihen
- täglich 1 Stamperl trinken

Einreibung

1/2 l Schnaps
oder Vorlauf
2 Würfel echter Kampfer
1 kleiner Teelöffel
Menthol
(beides aus der
Apotheke)
4 EL Olivenöl

Hilft bei Prellungen

- alle Zutaten zusammenmischen
- als Einreibung verwenden

Nussschnaps

40 grüne Walnüsse
1 kg Zucker
5 l Rotwein
1/2 l Schnaps

Stärkt die Nerven!

- Walnüsse klein schneiden
- mit Zucker, Wein und Schnaps in einem großen Glasgefäß 40 Tage lang in der Sonne stehen lassen
- abseihen und abfüllen

Tipp: *Nüsse Ende Juli pflücken!*

Moosbeerlikör

1/2 kg Moosbeeren
1/4 l Schnaps
1/8 l Wasser
1/4 l Zucker

- Moosbeeren in ein Glas geben
- Zucker mit Wasser spinnen und ausgekühlt mit Schnaps zu den Früchten geben
- Glas verschließen
- nach 6 Wochen abseihen und in Flaschen füllen

Variante: *Dieser Likör kann auch mit anderen Früchten gemacht werden: Ribisel, Kirschen, Marillen, Himbeeren, Brombeeren, Holler …*

Äpfelschnitz

Äpfel

- Äpfel blättrig aufschneiden
- in der Sonne oder im Rohr bei 60 °C trocknen lassen
- öfters umdrehen

Tipp 1: *Gesunde Nascherei im Winter; kann für Kompott verwendet werden.*

Tipp 2: *Ideal wäre für das Trocknen von Obst ein Dörrapparat!*

Variante: *Zwetschken, Marillen, Birnen ... lassen sich genauso trocknen! Wenn kleine Birnen im Ganzen getrocknet werden, sollte man sie zuerst vordünsten!*

Ribisellikör

1 kg schwarze Ribisel
1/2 l Obstler
1/2 l Wasser
1/2 kg Zucker
1/2 l Wasser

Rohrzucker verwenden!

- Ribisel, Obstler und Wasser in ein Glas füllen
- mindestens 3 Wochen stehen lassen
- Zucker und Wasser aufkochen
- erkalten lassen
- Ribisel abseihen
- beide Flüssigkeiten zusammenmischen

Tipp: *Je länger der Likör stehen darf, umso milder wird er im Geschmack!*

Variante: *Zitronenmelissenblätter verwenden!*

Joghurt

Vollmilch oder
Magermilch
Joghurtbakterien

- Milch auf 85–90 °C erhitzen
- ca. 10–15 Minuten stehen lassen, damit etwas Flüssigkeit verdampfen kann
- abkühlen auf 45–50 °C (im Wasserbad)
- impfen mit 1–2 % Joghurtkultur (1–2 EL aus einem gekauften Joghurt genügen für 1 l Milch)
- zugedeckt Temperatur halten
- nach 3–4 Stunden ist das Joghurt dick
- kühl stellen

Varianten:

- Fruchtjoghurt: mit verschiedenen Früchten oder Marmelade mischen
- Kaffeejoghurt: mit Löskaffee und Zucker vermischen

Tipp 1: *Joghurt aus Ziegenmilch wird dünnflüssiger!*

Tipp 2: *Mit selbst gemachtem Joghurt kann 2 bis 3 Mal weitergeimpft werden!*

Hollermarmelade mit Zwetschken

2 kg Hollerbeeren
1 kg Zwetschken
2 kg Gelierzucker

- Hollerbeeren abrebeln
- Zwetschken entkernen, klein schneiden
- zusammen aufkochen
- Gelierzucker dazugeben
- 4 Minuten sprudelnd kochen lassen
- heiß in Gläser abfüllen

Tipp: *gut geeignet als Füllung für verschiedene Germspeisen*

Variante: *statt Zwetschken Birnen fein aufgeraffelt verwenden*

Schissalkas

Magermilch
Sauermilchbakterien

- Magermilch mit 1–2 % Sauermilchbakterien impfen
- warm stehen lassen, bis sie dick ist (1–3 Tage je nach Temperatur)
- langsam erwärmen auf ca. 45 °C
- ziehen lassen
- ausschöpfen, abtropfen lassen
- mit Salz und Pfeffer verbröseln
- in einer Schüssel an einem warmen Platz reifen lassen

Tipp: *Dieser Käse schmeckt besonders gut auf ein Butterbrot gestrichen!*

Innsbruck und Umgebung

So vielfältig wie die Landschaft in diesem Gebiet: von den hochgelegenen Seitentälern des Wipptales, dem Gemüseanbaugebiet rund um Thaur, dem Mittelgebirge usw. bis hin zur Landeshauptstadt, so vielfältig sind auch die Speisen in diesem Raum. Geprägt von den erzeugten Produkten, wie Milch, Getreide, Obst und Gemüse, ist der Speisezettel der verschiedenen Regionen.

In diesem landschaftlich sehr vielfältigen Gebiet finden wir vor allem Milch, Getreide, Obst und Gemüse als Grundzutaten für klassische Rezepte.

Milch wurde vor allem in den Tälern zu Topfen, Butter und Käse verarbeitet – die zahlreichen Gerichte mit diesen Zutaten zeigen uns, wie einfallsreich die Bäuerinnen ihre Produkte zu verkochen wussten.

Obst – vor allem Äpfel – wurde zu Kompott, Nocken, Strudel, Kuchen, ... weiterverarbeitet. Es wurde gespart. Alles, was am Hof anfiel, wurde im Haushalt verwendet, so auch das Blut beim Schlachten oder die Biestmilch nach dem Kalben der Kühe – einerseits war es billig, andererseits konnten diese Produkte durch den hohen Eiweißgehalt manche Speisen gesundheitlich aufwerten.

Die Nachbarschaft zum Südtiroler Raum macht sich bemerkbar, Nudelgerichte werden im Wipptaler Gebiet gerne gekocht, außerdem wird Spinat häufig als Beilage gereicht.

Krapfen werden sehr unterschiedlich gefüllt – entweder mit Käse, Erdäpfeln, Spinat oder Dörrbirnen, Mohn und Zwetschken oder mit Topfen und Moosbeeren.

Innsbruck war von jeher ein wichtiger Verkehrsknotenpunkt, wichtige Verkehrsverbindungen zogen sich durchs ganze Land. Diese Tatsache lässt uns das Entstehen verschiedener Gasthöfe an den Hauptwegen erklären, die für Speis und Trank der Reisenden sorgten und mit ihren Speisen die „Tiroler Kost" bekannt machten.

1580 wird in der Reisebeschreibung des Michel de Montaigne das Gasthaus „Goldene Rose" besonders hervorgehoben. Dem Berichterstatter erschien es bemerkenswert, dass in diesem Haus Fleisch- und Fischgerichte nach französischen Rezepten zubereitet wurden. In den städtischen Haushalten wurde der heimische Speisezettel durch die italienische und französische Küche beeinflusst. Im Umland übernahm man aber nur wenig von der ausländischen Kost.

Über die Region

Im Norden durch das Karwendelgebirge, im Süden durch den Alpenhauptkamm (mit dem Brennerpass) begrenzt, ist diese Region durch markante Gebirgszüge geprägt. Die zweimalige Olympiastadt Innsbruck ist in die für Ski- und Wandertourismus erschlossene Gebirgswelt reizvoll eingebettet und daher ein Anziehungspunkt für Touristen aus aller Welt. Die umliegenden Gemeinden – beispielsweise Thaur, Rum und Absam – werden auch als „Gemüsegarten Innsbrucks" bezeichnet. Das Stubaital mit den Stubaier Alpen und dem gewaltigen Stubaier Gletscher ist eine der zugkräftigsten Tourismusgebiete Österreichs.

Würstelsuppe

Rindsuppe:
1/5 l Wasser
Rindsknochen
Wurzelwerk
Salz, Pfefferkörner
Maggikraut

150 g Suppennudeln
3 Paar Würstel

- Rindsknochen in wenig Fett mit Wurzelwerk anrösten
- mit Wasser aufgießen
- Gewürze dazugeben
- ca. 2 Stunden leicht köcheln lassen
- zuletzt Würstel darin garen
- Suppennudeln kochen, abseihen
- mit Suppe und Würstel servieren

Beilage: *Brot*

Variante: *kleinwürfelig geschnittenes Gemüse dazugeben!*

Weinsuppe mit Zimtsternchen

1/2 l kräftige Fleischsuppe
1/4 l Weißwein
4 Dotter
1/4 l Rahm
Zimt
Salz

Zimtsternchen:
Topfenblätterteig aus
100 g Mehl
100 g Butter
100 g Topfen
Salz
Zimt zum Bestreuen

- alle Zutaten gemeinsam unter ständigem Rühren erwärmen
- mit Zimtsternchen servieren

Zimtsternchen:

- alle Zutaten zusammmenkneten
- kurz kalt stellen
- auswalken, Sternchen ausstechen
- mit Zimt bestreuen
- backen

Lauchsuppe

1 Stange Lauch
90 g Butter
30 g Mehl
ca. 1 l Milch
Petersilie und andere Küchenkräuter
Salz

Vollmehl verwenden!

- Lauch ringelig schneiden
- in Butter andünsten
- mit Mehl stauben
- mit Milch aufgießen
- würzen
- gut verkochen lassen
- zuletzt Kräuter dazugeben

Variante: *fein gewürfelten Käse zuletzt in die Suppe geben*

Knoblauchsuppe

5 Zehen Knoblauch
30 g Butter
30 g Mehl
ca. 1 l Milch
Salz, Pfeffer
1/8 l Rahm
Brotwürfel
Schnittlauch

Vollmehl verwenden!

- Mehl in Butter anschwitzen
- mit Milch aufgießen
- Knoblauch dazupressen
- würzen
- zuletzt mit Rahm verbessern
- mit gerösteten Brotwürfeln und Schnittlauch bestreut servieren

Tipp: *je mehr Knoblauch Sie verwenden, umso intensiver wird die Suppe*

Biersuppe

30 g Butter
30 g Mehl
3/4 l Milch
1/2 Zimtstange
3 Nelken
1 EL Zucker
3 Dotter
ca. 1/2 l Bier

- Mehl in Butter anschwitzen
- mit Milch aufgießen, Gewürze dazugeben und aufkochen
- Dotter mit Zucker und Bier verrühren
- zur Milch geben
- einmal aufkochen lassen und servieren

Schwammerlsuppe

Eierschwammerl, Steinpilze oder andere Pilze
30 g Butter
30 g Mehl
ca. 1 l Wasser
Petersilie
1 kleine Zwiebel
Salz

- fein geschnittene Zwiebel in Butter anrösten
- Pilze dazugeben, dünsten
- mit Mehl stauben
- mit Wasser aufgießen
- würzen
- aufkochen lassen
- zuletzt fein gehackte Petersilie dazugeben

Tipp: *Pilze lassen sich sehr gut trocknen: an einem luftigen Platz auflegen, wenn sie trocken sind in einem Glas aufbewahren. Nicht zuviel auf einmal verwenden, da sie sehr intensiv schmecken.*

Variante 1:
mit Rahm oder Eidotter verbessern!

Variante 2:
mit klein gewürfelten Erdäpfeln strecken!

Roggane Apfelnudeln

300 g Roggenmehl
1 Prise Salz
lauwarmes Wasser
ca. 1 kg Äpfel
100 g Butter
Zucker oder Honig nach Geschmack
Zimt
1/2 l Wasser

- aus Roggenmehl, Salz und lauwarmem Wasser einen weichen Nudelteig bereiten
- dünn auswalken
- nudelig schneiden
- in einer Pfanne Butter erwärmen, Nudeln darin goldgelb rösten
- Äpfel schälen, hobeln
- die angebratenen Nudeln auf den Pfannenrand schieben, die Äpfel in die Mitte geben, dann die Nudeln über den Äpfeln verteilen
- mit 1/2 l Wasser aufgießen
- zugedeckt dünsten, bis die Äpfel weich sind
- etwas Honig mit wenig Wasser verdünnen und mit Zimt über die Nudeln gießen

Variante: *anstatt mit Wasser mit Milch aufgießen, mit Mohn und Zucker bestreuen*

Apfel-Topfenauflauf

1 kg Äpfel
1/2 kg Topfen
4 Eier
1/2 l Sauerrahm
1 Pkg. Vanille
5 EL Zucker
1 KL Zimt

- Auflaufform befetten
- gehobelte Äpfel einlegen, mit Zimt und Zucker bestreuen
- Topfen mit Rahm, Eier und Zucker vermischen
- auf die Äpfel streichen
- bei 180°C ca. 30–40 Minuten backen

Mohnnudeln (1)

400 g Mehl
2 Eier
Salz
1/8 l Weißwein
100 g Butter
etwas Milch
150 g Butter zum Anbraten

Fülle:
300 g geriebener Mohn
200 g passierte Dörrbirnen
50 g Marillenmarmelade
80 g Zucker
3 EL Rum
Zitronenschale, ungespritzt

Guss:
2 EL Honig
1/4 l Süßrahm

Vollgetreide verwenden!

- Mehl und Salz vermischen
- zerlassene Butter, Eier, Wein und Milch dazugeben
- zu einem Nudelteig gut verkneten
- auswalken
- mit Fülle bestreichen
- einrollen
- 6 cm lange Stücke abschneiden
- in einer Pfanne mit Butter auf allen Seiten goldgelb anrösten
- die Röllchen in eine Auflaufform schichten
- Honig vermischt mit Süßrahm darübergießen
- ca. 30 Minuten bei 180 °C Heißluft backen

Fülle:

- Dörrbirnen weichkochen, faschieren
- mit den restlichen Zutaten zu einer geschmeidigen Masse rühren

Getränk: *Milch!*

Mohnnudeln (2)

3/4 kg Erdäpfel
1/4 kg griffiges Mehl
Salz
2 Dotter
50 g Butter
100 g Mohn
100 g Zucker
100 g Butter

Vollgetreide verwenden!

- Erdäpfel kochen, schälen, passieren
- mit den restlichen Zutaten rasch zu einem Teig zusammenkneten
- Rollen formen
- 5 cm lange Stücke abschneiden, zu Nudeln ausformen
- im Salzwasser kochen oder im Dampf garen
- mit Zucker und Mohn bestreuen
- mit zerlassener Butter übergießen

Variante: *Dieser Teig kann für Marillenknödel oder andere Obstknödel verwendet werden.*

Grießauflauf / Reisauflauf

3/4 l Milch
150 g Grieß oder Reis
1 Prise Salz
60 g Butter
60 g Zucker
3–4 Dotter
Zitronenschale ungespritzt
1 Stamperl Rum

Vollgrieß verwenden!

- Milch erhitzen
- Grieß bzw. Reis einkochen
- ausquellen lassen
- Butter, Zucker und Dotter abtreiben
- Geschmackszutaten dazugeben
- Eiklar mit einer Prise Salz zu festem Schnee schlagen
- abwechselnd überkühlte Grieß-/Reismasse und Abtrieb in den Schnee unterheben
- bei 180 °C ca. 30 Minuten backen

Variante: *verschiedene Früchte untermischen*

Beilage: *Kompott*

Topfennudeln

800 g Topfen
400 g Roggenmehl
Salz
1 Ei
einige EL Milch
350 g Butter zum Anbraten

- möglichst trockenen Bauerntopfen verbröseln
- Mehl, Ei und Salz dazugeben
- mit wenig Milch zu einem mittelfesten Teig verrühren
- auf dem Nudelbrett kurz zusammenkneten
- dann Rolle formen
- nussgroße Stücke abschneiden, zu Kugerln formen
- Butter in einer Pfanne zergehen lassen
- Nudeln hineingeben, bei mittlerer Hitze zugedeckt garen lassen, zwischendurch schütteln oder umdrehen
- hellbraun backen

Beilage: *Spinat oder Sauerkraut*
Getränk: *Milch in jeder Form*

Topfeler

600 g Topfen
200 g Mehl
Salz
Butterschmalz
ca. 1/4 l saurer Süßrahm

- Topfen, Mehl und Salz verkneten
- daraus Kugeln formen
- im heißen Fett rundherum braun anbraten
- zum Schluss Rahm darüber geben
- eindämpfen lassen, bis die Flüssigkeit aufgesaugt ist

Beilage: *Kompotte*
Getränk: *jede Art von Milch*

Apfelnocken

300 g Mehl
3 Eier
Salz
ca. 1/2 l Milch
1/2 kg Äpfel
Butter zum Ausbacken
Zimt, Vanille, Zucker
zum Bestreuen

Vollgetreide verwenden!

- Mehl, Eier, Salz und Milch zu einem glatten Teig abrühren
- Äpfel fein gehobelt oder geraspelt dazugeben
- Nocken abstechen
- im heißen Fett beidseitig abbraten
- mit Zucker und Zimt bestreuen

Tipp 1: *Geraspelte Äpfel im Teig ergeben saftige Nocken!*

Tipp 2: *Steif geschlagenen Schnee zuletzt in den Teig einheben – ergibt lockere Nocken!*

Tipp 3: *Etwas Zuckerwasser zuletzt über die Nocken gießen, kurz andünsten: Nocken werden saftig.*

Varianten:
mit verschiedenem Obst:

- klein geschnittene Zwetschken dazugeben
- 3/4 Äpfel mit 1/4 Zwetschken mischen
- Moosbeeren (Heidelbeeren)
- Marillen
- Birnen
- Kirschen
- Ribisel

Ofennudeln (Buchteln, Wuchteln, Rohrnudeln)

500 g Mehl
20 g Germ
100 g Butter
3 Dotter
50 g Zucker
ca. 1/4 l lauwarme Milch
1 Prise Salz
Marmelade zum Füllen

Vollgetreide verwenden!

- Mehl mit Salz und Zucker vermischen
- Dampfl bereiten bzw. Germ einbröseln
- Butter zerrinnen lassen und dazugeben
- Dotter mit Milch versprudeln, dazugeben
- zu einem mittelfesten Germteig abschlagen
- zugedeckt gehen lassen
- dann mit Löffel Teigstücke abstechen
- auseinander ziehen
- mit Marmelade füllen und zusammendrehen
- etwas Butter in einer Auflaufform zergehen lassen
- Buchteln einlegen
- noch einmal gehen lassen
- ca. 30–45 Minuten bei 180 °C Heißluft backen
- angezuckert servieren

Beilage: *Vanillesauce, Karamellsauce, Eiermilch, Kompott*

Variante: *keinen Zucker dazugeben, keine Füllung – dann mit Sauerkraut servieren*

Buchteln sind ursprünglich eine böhmische Spezialität, aber schon lange in all ihren Variationen auch hierzulande bekannt und beliebt. Experimentieren Sie nach Belieben mit unterschiedlichen Marmeladen, Saucen oder auch würzigen Beilagen! So bringen Sie Abwechslung in den Speiseplan oder entwickeln eine ganz individuelle Familientradition.

Apfelstrudel

Teig:
1/4 kg Topfen
1/4 kg Mehl
1/4 kg Butter
1 Prise Salz

Fülle:
1 kg Äpfel
100 g Nüsse
100 g Zucker
Zimt
1 Stamperl Rum
50 g Butter
50 g Semmelbrösel
Rosinen

Vollgetreide verwenden!

- Butter mit Mehl abbröseln
- mit Topfen und Salz rasch zu einem Teig zusammenkneten
- ca. 1/2 Stunde kühl rasten lassen
- Äpfel aufhobeln oder aufraffeln
- mit geriebenen Nüssen, Zucker, Zimt, Rum und Rosinen vermischen
- Semmelbrösel in Butter anrösten
- Teig messerrückendick auswalken
- zuerst Brösel, dann Fülle darauf verteilen
- einrollen
- mit Ei bestreichen
- bei 180 °C ca. 3/4 Stunde backen

Variante: *Strudelteig oder Mürbteig verwenden*

Beilage: *Vanillesauce*

Milchreis

1 l Milch
1/8 kg Reis
Zucker
Zimt
1 Prise Salz
1 EL Butter

Vollreis verwenden!

- Milch mit Salz aufkochen
- Reis einkochen, leicht köcheln lassen, bis er gar ist
- mit Zucker und Zimt bestreuen
- eventuell 1 EL Butter darübergeben

Varianten:

- Griaßmuas: statt Reis 1/8 kg Grieß einkochen
- Haferbrei: statt Reis 1/8 kg Haferflocken einkochen

Strauben

3/8 l Milch
1 EL Butter
300 g Mehl
1 Prise Salz
3 Eier
1 Stamperl Rum
Backfett

- Butter zerlassen
- Milch dazugeben, leicht erwärmen
- Dotter und Salz einsprudeln
- Eiklar zu steifem Schnee schlagen
- abwechselnd Mehl und Milch-Dotter-Gemisch unterheben
- mit Trichter kreisförmig in das heiße Fett einlaufen lassen
- vorsichtig herausheben
- mit Zucker und Zimt bestreuen

Getränk: *Milch*

Beilagen: *Kompotte, Apfelmus, Hollermandl*

Gebackene Mäuse

500 g Mehl
20 g Germ
2 EL Grieß
2 Dotter
2 EL Zucker
1 Prise Salz
1 Stamperl Rum
ca. 1/4 l Milch
1 Handvoll Rosinen

- Mehl mit Grieß, Zucker und Salz vermischen
- Dampfl bereiten oder Germ einbröseln
- mit Dotter, lauwarmer Milch und Rum zu einem etwas weichen Teig abschlagen
- Rosinen, vorher in Rum eingeweicht, unterheben
- zugedeckt gut gehen lassen
- mit einem nassen Löffel Kugerln abstechen
- im heißen Fett backen

Getränk: *Milch*
Beilage: *Kompotte*

Polsterzipfel

400 g Mehl
200 g Butter
4 Eier
1 EL Rahm
etwas Wein
1 Prise Salz
Marillenmarmelade
Backfett

Vollgetreide verwenden!

- Mehl mit zerlassener Butter und den übrigen Zutaten zu einem feinen Teig abkneten
- zugedeckt rasten lassen
- dünn auswalken
- kleine Häufchen Marillenmarmelade auf die Hälfte des Teigblattes aufsetzen
- mit der anderen Hälfte abdecken
- viereckige Polster ausradeln
- im heißen Fett beidseitig ausbacken
- mit Zucker bestreut servieren

Getränk: *Milch*
Beilage: *Kompotte*

Süßer Plenten

1 l Wasser
Salz
350 g Polenta
Butter zum Abschmatzen
Marmelade
Zucker und Zimt

- Wasser und Salz aufkochen
- Polenta einkochen
- ausquellen lassen
- die Hälfte in eine Form einfüllen
- Marmelade darübergeben
- mit Polenta abdecken
- mit Butter abschmalzen
- mit Zucker und Zimt bestreuen

Tipp: *Am besten schmeckt Moosbeer-marmelade dazu!*
Getränk: *Milch*

Apfelauflauf

200 g Butter
3 Eier
150 g Staubzucker
Vanille, Rum
300 g Mehl
1/2 Pkg. Backpulver
1 kg Äpfel
Rosinen
Zimt, Nelkenpulver
100 g Zucker

Vollgetreide verwenden!

- Butter mit Staubzucker und Dotter schaumig rühren
- Geschmackszutaten dazugeben
- Eiklar zu festem Schnee ausschlagen
- abwechselnd Mehl versiebt mit Backpulver und Abtrieb unterheben
- Äpfel raspeln
- mit Zucker und Geschmackszutaten vermischen
- Form befetten
- abwechselnd eine Schicht Teig und Äpfel einschichten, mit Teigmasse abdecken
- ca. 45 Minuten bei 180 °C Heißluft backen
- heiß servieren

Tipp: *Der Apfelauflauf kann kalt als Kuchen gegessen werden!*

Erdäpfelpuffer

3/4 kg Erdäpfel
Salz
2 Eier
etwas Mehl

- Erdäpfel schälen, aufreiben
- mit Salz, Eier und Mehl vermischen
- wie Omelett backen
- auf den Teller geben, mit Spinat oder Sauerkraut füllen

Beilage: *Spinat, Sauerkraut*

Hefekiachl (Naviser Kiachl)

250 g Topfen
(direkt vom Bauern)
350 g Weizenmehl
1 Pkg. Germ
1 Prise Salz
ca. 1/4 l lauwarme Milch
oder Buttermilch
Schweineschmalz
zum Ausbacken

- Topfen zerbröseln
- Mehl und Salz dazugeben
- Dampfl bereiten oder Germ einbröseln
- mit lauwarmer Milch zu einem mittelfesten Germteig abschlagen
- ca. 1 Stunde zugedeckt gehen lassen
- auf einem bemehlten Brett Stücke abstechen, zu Kugeln formen
- flachdrücken auf ca. 2 cm, in die Mitte ein Loch eindrücken
- ca. 1/2 Stunde zugedeckt gehen lassen
- im heißen Schweinefett ausbacken (vorher ein wenig auseinander ziehen)

Tipp: *Kalt schmecken sie zum Kaffee sehr gut!*

Getränk: *Milch*

Beilage: *Sauerkraut oder Spinat geriebener Mohn*

Krapfen

200 g Weizenmehl
200 g Roggenmehl
1 Dotter
1/8 l Rahm
ca. 1/8 l Milch
Salz
Backfett

Süße Fülle:
1/4 kg Topfen
Moosbeeren
Zimt, Zucker, Rum

Käsefülle:
3–4 heiße, mittlere Erdäpfel
200 g Käse
Salz
Schnittlauch
1 EL Öl
etwas heißes Wasser

- Mehl mit Salz vermischen
- alle Zutaten zu einem Nudelteig verkneten
- gut durchkneten, bis er schön glatt ist
- zu einer Rolle formen
- Stücke abschneiden
- rund auswalken
- füllen
- Teigränder gut zusammendrücken
- im heißen Fett ausbacken

Erdäpfelpaunzen

1/2 kg Erdäpfel
250 g Mehl
1 Ei
Salz, Muskat
Butter zum Herausbacken

- Erdäpfel kochen, schälen, durchpressen
- mit Mehl, Ei, Salz und Muskat rasch zu einem Teig verarbeiten
- daumendicke Rollen formen, ca. 3 cm große Stücke abschneiden, in Mehl wenden
- die Paunzen von beiden Seiten in Butter goldbraun anbraten
- in eine Rein legen, ca. 10 Minuten zugedeckt nachdämpfen

Beilage: *Apfelmus*
Sauerkraut, verschiedene Salate

Getränk: *jede Art von Milch*

Biastnudeln

400 g Mehl
ca. 1/4 l Biastmilch
(1–2 Tage nach
dem Abkalben)
Salz

- alle Zutaten zu einem Nudelteig verarbeiten
- gut durchkneten
- auswalken
- antrocknen lassen
- dünne Nudeln schneiden
- in Salzwasser kochen
- abschrecken
- mit Butter abschmalzen

Tipp: *Nudeln kann man sehr gut auf Vorrat zubereiten – geschnittene Nudeln trocknen lassen, dann in einer Dose oder im Glas aufbewahren.*

Blutnudeln

400 g Mehl
Salz
ca. 1/4 l Schweineblut

- aus Mehl, Salz und gerührtem Blut einen Nudelteig bereiten
- gut durchkneten
- eine Rolle formen
- kleine Stücke abschneiden
- zu Teigblättern auswalken
- zusammenrollen (wie Frittaten)
- nudelig aufschneiden
- im Salzwasser kochen
- abschrecken
- in Butter rösten

Tipp: *Blut ständig rühren, damit es nicht gerinnt!*

Topfenzergel

600 g Topfen
3 Eier
200 g Mehl
Salz
1/16 l Süßrahm
200 g geriebener Käse zum Bestreuen
Schnittlauch
150 g Butter zum Anbraten

Vollgetreide verwenden!

- alle Zutaten in einer Schüssel abrühren
- in einer Pfanne Butter und 1–2 EL Wasser erhitzen
- mit Löffel Nockerl abstechen
- einlegen, zugedeckt garen, bis die Unterseite braun ist
- umdrehen
- mit der Hälfte des geriebenen Käses bestreuen, dann umdrehen
- Rest des Käses daraufgeben
- noch einmal kurz umdrehen
- mit Schnittlauch bestreut servieren

Beilage: *Salate*
Getränk: *Milch*

Spinatknödel

400 g Knödelbrot
ca. 1/4 l Milch
200 g Blattspinat
1 kleine Zwiebel
3 Zehen Knoblauch
50 g Butter
3 Eier
Muskat, Salz
eventuell etwas Milch
Butter zum Abschmalzen
Käse zum Bestreuen

- würfelig geschnittenes Knödelbrot mit heißer Milch angießen
- fein geschnittene Zwiebel in Butter andünsten
- Blattspinat schneiden und dazugeben
- mit den restlichen Zutaten zu einem Knödelteig abmischen
- Knödel formen
- im Salzwasser oder Dampf garen

Beilage: *Salate*

Schweinsbraten

1 kg Schopf
Salz, Pfeffer
Kümmel, Senf
Knoblauch
Maggikraut
Wurzelwerk
ca. 1/4 l Bier
1/8 l Rahm
1 EL Maizena

- Fleisch mit einigen Knoblauchzehen spicken
- mit Gewürzen einreiben
- im Römertopf braten (je nach Fleischgröße 1,5–2 Stunden)
- Wurzelwerk dazugeben
- mit Bier aufgießen
- vor dem Servieren Sauce mit Wurzelwerk mixen
- Rahm mit Maizena vermischen
- in die Sauce geben, einmal aufkochen lassen

Tipp: *eventuell Erdäpfel mitbraten*

Beilage: *Semmelknödel, Sauerkraut, Salat, Erdäpfel*

Krautnocken

1 kg Sauerkraut
6 große Erdäpfel
4 Eier
Salz
etwas Milch
ca. 200 g Mehl

Vollmehl verwenden!

- Erdäpfel schälen, roh aufreiben
- mit Sauerkraut und den übrigen Zutaten zu einem eher weichen Teig verrühren
- mit einem nassen Löffel Nockerln abstechen
- in wenig Butter oder Butterschmalz herausbacken

Tipp: *Nocken nicht zu dick machen!*

Variante: *klein geschnittene Speckwürfel untermischen!*

Pressknödel (Pressnocken)

300 g Semmelbrot
200 g gekochte Erdäpfel
200 g Graukäse oder Tilsiter (je nach Geschmack)
3 Eier
Petersilie, Salz, Kümmel
ca. 1/4 l Milch
eventuell etwas Mehl
Wasser für die Suppe
Lorbeerblatt

- würfelig geschnittenes Semmelbrot mit heißer Milch angießen
- gekochte, geriebene Erdäpfel daruntermischen
- Käse aufreiben oder klein schneiden und dazugeben
- mit den restlichen Zutaten zu einem Teig verkneten
- Knödel formen
- in wenig Fett auspressen (Knödel flachdrücken)
- mit Wasser aufgießen, Lorbeerblatt dazugeben
- kurz verkochen

Beilage: *Salate*

Kohlrabicarpaccio

2 Kohlrabi
verschiedene
Blüten und Kräuter
(Kapuzinerkresse,
Ringelblumen,
Borretschblüten,
Zitronenthymian, ...)
Salz
Weißweinessig
Olivenöl

- Kohlrabi mit der Aufschnittmaschine fein aufschneiden
- kreisförmig auf einem Teller anrichten
- mit Marinade beträufeln
- mit Blüten garnieren

Tipp: *sehr gut als Vorspeise oder leichtes Abendessen geeignet!*

Gemüse –

gesund und gschmackig zur rechten Zeit

Gemüse ist neben Obst der bedeutendste Vitamin- und Mineralstofflieferant. Durch den hohen Ballaststoffgehalt, welcher die Verdauungstätigkeit anregt, soll das Gemüse eines der wichtigsten Bestandteile einer gesunden Ernährung sein.

Gemüse ist keineswegs nur eine Beilage zum Hauptgericht Fleisch – wir sollten es eher umgekehrt halten und Gemüse in seinen unzähligen Sorten, Variationen und Zubereitungsarten zum Mittelpunkt unserer Ernährung erheben.

Die Ernährungsgewohnheiten haben sich geändert – so ist vor allem in der heutigen Zeit ein Trend zur Gemüsekost zu erkennen. Früher wurde darauf weniger Augenmerk gelegt, es sei denn auf die Bereitung von Sauerkraut und Rübenkraut, welches als Beilage zu vielerlei Gerichten gegeben wurde. Wenn heutzutage viele überlieferte Speisen aus ernährungsphysiologischen Gründen bemängelt werden (z.B. Schmalzgebackenes), so heißt es nicht, dass diese Speisen von unserem Speisezettel gestrichen werden müssen. Vielmehr liegt es an Ihnen, sie durch gesunde Vitamine in Form von Gemüse, Salaten und Rohkost aufzuwerten. Dafür gibt es Möglichkeiten rund um das Jahr.

- Grundsätzlich sollte das Gemüse entsprechend der Jahreszeit verwendet werden – der eigene Garten ist dafür die beste Möglichkeit.

◆ Zum Konservieren soll nur frisches, einwandfreies Gemüse verwendet werden – die derzeit schonendste Methode ist dafür das Tiefgefrieren.

◆ Zur Abwechslung bietet sich auch die Möglichkeit zum Sterilisieren, Einsalzen, Einlegen in Essig oder Öl, zum Trocknen und zum Einsäuern an.

Auch dafür finden Sie einige Rezepte in diesem Buch!

Sauerkraut

pro kg Kraut
7,5 g Salz
20 g Zucker Lorbeer,
Wacholder, Kümmel

- Kraut aufhobeln
- Salz, Zucker und Gewürze vermischen
- Gärtopf oder Krautfass mit Krautblättern auslegen
- eine Lage Kraut einfüllen
- Gewürzmischung darübergeben
- gut einstampfen
- lagenweise weiter einfüllen
- beschweren
- beim Gärtopf Deckel aufsetzen und in die Rille Wasser einfüllen
- ca. 1 Woche in einem wärmeren Raum stehen lassen
- dann kühlstellen

Tipp: *Ein Schuss Molke oder Sauermilch beschleunigt den Gärungsvorgang.*

Variation: *Gärgemüse ist sehr gesund, probieren Sie auch, andere Gemüsearten milchsauer zu vergären:*

- Rübenkraut
- Rohnenkraut
- Karottenkraut

Eiersalat

1 Kopf Salat
3–4 Eier
Salz
Öl, Essig
verschiedene Kräuter

- hart gekochte Eier in Spalten schneiden
- Salat waschen, marinieren
- Eier und Kräuter untermischen

Tipp: *selbst angesetzter Kräuteressig gibt dem Salat einen besonderen Geschmack!*

Variante: *statt Öl feinwürfelig geschnittenen, angerösteten Speck dazugeben*

Fenchelsalat mit Trauben

2 Fenchelknollen
200 g Weintrauben
300 g Schnittkäse
Salz
Olivenöl
Weißweinessig

- Fenchel feinblättrig aufschneiden
- Trauben halbieren und entkernen
- Käse würfelig schneiden
- marinieren
- durchziehen lassen und servieren

Tipp: *sehr gut als Vorspeise oder leichtes Abendessen geeignet!*

Hippen mit Walnussparfait

Hippenmasse:
50 g glattes Mehl
50 g Staubzucker
50 g Butter
1 Eiklar

Walnussparfait:
2 Dotter
100 g Zucker
Vanillezucker
3 EL Amaretto
100 g geröstete, geriebene Walnüsse
1/4 l Rahm

Beeren zum Garnieren

Hippenmasse:

- Mehl mit Zucker versieben
- heiße Butter einrühren
- ungeschlagenes Eiklar dazurühren
- Masse kühl stellen

- Schablone vorbereiten: beliebige Ornamente in Karton oder Folie schneiden

- Backblech befetten und bemehlen
- Hippenmasse in die Leerräume streichen
- Schablone abheben
- die nächste Hippe genauso aufstreichen
- ca. 5 Minuten goldbraun bei 180 °C Heißluft backen

Walnussparfait:

- Dotter mit Zucker und Geschmackszutaten über Dampf dickschaumig aufschlagen
- kalt schlagen
- Walnüsse und steifgeschlagenen Rahm unterheben
- in Förmchen füllen
- einfrieren

- mit Hippen und Beeren anrichten

Apfelkuchen

300–400 g Mehl
200 g Butter
2–3 Eier
1 Prise Salz
1 Pkg. Backpulver
1 Pkg. Vanillezucker
Zitronenschale (ungespritzt)
eventuell etwas Milch

Belag:
1 kg Äpfel
150 g Zucker
50 g Butter
50 g Brösel
Zimt, Nelkenpulver
1 Stamperl Rum

Vollgetreide verwenden!

- alle trockenen Zutaten vermischen
- mit Butter abbröseln
- mit Eiern und eventuell etwas Milch rasch zu einem Mürbteig verarbeiten
- ca. 1/2 Stunde kühl rasten lassen
- Teig halbieren
- auf Blechgröße auswalken
- auf das befettete Backblech legen
- Fülle darübergeben
- mit Teigblatt abdecken
- mit zerklopftem Ei bestreichen
- ca. 45 Minuten bei 180 °C Heißluft backen

Fülle:
- Äpfel blättrig schneiden
- Butter mit Brösel und Zucker anrösten
- mit Äpfeln und Geschmackszutaten vermischen

Nervenkeksln

1/2 kg Dinkelmehl
1/4 kg Butter
150 g Staubzucker
3 Dotter
Lebkuchengewürz
1/2 KL geriebene Muskatnuss

- Dinkelmehl mit Staubzucker und Gewürzen vermischen
- Butter abbröseln
- mit Dotter rasch zu einem Mürbteig verarbeiten
- ca. 1/2 Stunde kühl rasten lassen
- Teig auswalken und Formen ausstechen
- bei 180–190 °C Heißluft backen

Obstkuchen

330 g Mehl
300 g Zucker
5 Eier
1/2 Pkg. Backpulver
1 Pkg. Vanille
1/8 l Öl bzw.
zerlassene Butter

Topfenmasse:
500 g Topfen
150 g Staubzucker
5 Blatt Gelatine
Zitronensaft
1 Pkg. Vanillezucker
1/4 l Rahm

Früchte der Saison
Tortengelee

Dinkel- oder Weizenvollmehl verwenden, 1 Ei zusätzlich!

Zucker durch Rohrzucker ersetzen!

- Ei mit Zucker und Vanille schaumig rühren
- abwechselnd Öl (zerlassene Butter) und Mehl (vermischt mit Backpulver) untermischen
- auf ein befettetes, bemehltes Blech aufstreichen
- ca. 30 Minuten bei 180 °C Heißluft backen
- Gelatine in kaltem Wasser einweichen, ausdrücken und in heißer Flüssigkeit auflösen
- Topfen mit Staubzucker, Zitronensaft und Vanille kurz verrühren
- Rahm steif schlagen und mit der Topfenmasse und Gelatine vermischen
- Topfenmasse aufstreichen
- mit Früchten belegen
- mit Tortengelee übergießen

Variante: *Früchte vor dem Backen auflegen und mitbacken*

Sauerrahmschnitten

5 Eier
250 g Zucker
1 El Vanillezucker
2 EL Rum
1/8 l Milch
1/8 l Öl
300 g Mehl
1/2 KL Backpulver

Zwetschken (Kirschen, Äpfel ...) zum Belegen

Belag:
1/4 l Sauerrahm
1/4 l Rahm

Zimt zum Bestreuen

- Eier mit Zucker und Geschmackszutaten schaumig rühren
- Milch und Öl dazugeben
- Mehl mit Backpulver vermischen
- in die Eiermasse vorsichtig unterheben
- auf ein mit Backpapier ausgelegtes Blech streichen
- Früchte darauf verteilen
- bei 180 °C ca. 30 Minuten backen
- auskühlen lassen
- mit Rahmmasse bestreichen (Rahm steif schlagen und mit Sauerrahm vermischen)
- mit Zimt bestreuen

Mohnkuchen

200 g Butter
200 g Zucker
1 Pkg. Vanille
Zitrone
1 Prise Salz
2 EL Rum
6 Eier
250 g geriebener Mohn
100 g geriebene Mandeln oder Nüsse
50 g Mehl
2 KL Backpulver
1 geriebener Apfel

- Butter, Dotter, Zucker schaumig rühren
- Geschmackszutaten dazugeben
- den Mohn, die Mandeln oder Nüsse und das mit dem Backpulver vermengte Mehl unter die Masse heben
- Eiklar zu Schnee schlagen und ebenfalls daruntergeben
- einen geriebenen Apfel dazugeben
- bei 180 °C 50–60 Minuten lang backen

Zucchinischnitten

2 Eier
1/2 l Zucker
1 Pkg. Vanillezucker
1/4 l Öl
1/2 l Zucchini
3/4 l Mehl
1 Pkg. Backpulver
Salz
1 Msp. Natron
Zimt

- Eier mit Zucker, Vanillezucker und Öl schaumig rühren
- geschälte, grob geraffelte Zucchini unterrühren
- Mehl mit Backpulver, etwas Salz, Natron und Zimt (nach Geschmack) vermischen
- unter die Masse heben
- ca. 40 Minuten bei 200 °C backen
- mit Marmelade bestreichen und mit Schokoladeglasur überziehen

Apfelbrot

500 g Feigen
400 g Rosinen
400 g Nüsse
1,5 kg Äpfel
2 EL Kakao
2 EL Zimt
1 EL Neugewürz
1/2 kg Zucker
etwas Salz
1/8 l Rum
1 kg Mehl
2 Pkg. Backpulver

Dinkel oder Weizen (fein vermahlen) statt normalem Weizenmehl

- Feigen stifteln, Äpfel grob raspeln, Nüsse halbieren
- alle Zutaten gut mischen und einige Stunden ziehen lassen
- dann Mehl und Backpulver dazugeben
- durchmischen und in eine Form streichen
- Backzeit: 180 °C, 1,5 Stunden

Schneebiskuit

7 Eiklar
200 g Zucker
Vanille
130 g Mehl
100 g Butter

Vollmehl verwenden!

- Eiklar mit einer Prise Salz zu festem Schnee schlagen
- langsam Zucker, Vanille, Mehl und zerlassene Butter einmengen
- in eine befettete Tortenform einfüllen
- bei mäßiger Hitze langsam backen

Sachertorte

250 g Butter
250 g Zucker
10 Eier
250 g erweichte Schokolade
1 KL Vanillezucker
1 EL Rum
250 g Mehl
1/2 KL Backpulver

Zum Füllen und Aprikotieren:
100 g Marillenmarmelade
5 EL Rum

Glasur:
200 g Schokolade
100 g Butter
evt. etwas Rahm

- Butter mit Zucker, Dotter und Geschmackszutaten abtreiben
- erweichte Schokolade einrühren
- Eiklar mit einer Prise Salz zu festem Schnee schlagen
- Abtrieb und mit Backpulver vermischtes Mehl abwechselnd der Schneemasse unterheben
- große Tortenform mit Backpapier auslegen, Masse einfüllen
- im Rohr bei 170 °C Heißluft ca. 50–60 Minuten backen
- auskühlen lassen
- Torte ein- bis zweimal durchschneiden
- Marillenmarmelade mit Rum erwärmen und glattrühren
- Torte damit füllen und aprikotieren (= Backgut mit abgerührter Marmelade bestreichen)
- mit Schokoladeglasur überziehen

Tipp: *Glasur langsam erwärmen – unter 30 °C, damit sie schön glänzt*

Hirschhornkeks

1/2 kg Mehl
180 g Zucker
80 g Butter
1/8 l Milch
2 Eier
Saft einer Zitrone
1,5 KL Hirschhornsalz
eventuell Anis

- alle Zutaten zu einem Mürbteig zusammenkneten
- Teig über Nacht rasten lassen
- 3–4 mm dick auswalken
- ausstechen
- bei 200 °C ca. 10 Minuten backen

Salzstangerl

500 g Dinkel
500 g glattes Mehl
1 Würfel Germ
ca. 1/2 l lauwarme Milch
2 Eier
Salz
grobes Salz und Kümmel zum Bestreuen
1 Ei zum Bestreichen

- Dinkel fein mahlen, mit Mehl und Salz vermischen
- Dampfl zubereiten oder Germ in das Mehl einbröseln
- mit lauwarmer Milch und Eiern zu einem mittelfesten Germteig vermischen
- gut durchkneten, anschließend ca. 30 Minuten gehen lassen
- Teig noch einmal auf einer Arbeitsfläche durchkneten, ca. 100 g große Stücke abschneiden, jedes Stück einzeln zu einer Kugel formen; ca. 10 Minuten rasten lassen
- jede Kugel ovalförmig ausrollen, eng einrollen
- auf ein befettetes Blech legen
- mit zerklopftem Ei bestreichen, mit Kümmel und grobem Salz bestreuen
- bei 180 °C Heißluft ca. 15–20 Minuten backen

Dinkelsemmeln

1 kg Dinkelmehl
1 EL Salz
1 EL Öl
20 g Germ
ca. 3/4 l Joghurt

- Dinkel mit Salz vermischen
- Germ einbröseln
- mit Joghurt zu einem eher weichen Germteig abkneten
- gehen lassen
- Semmerln ausformen
- noch einmal gehen lassen
- mit Ei bestreichen
- bei 180 °C Heißluft ca. 30 Minuten backen

Brot

mehr als ein Nahrungsmittel

Brotgewürze verleihen dem Brot das gewisse Etwas. Besonders gut eignen sich Fenchel, Kümmel, Anis und Koriander – diese Gewürze schmecken nicht nur gut, sondern unterstützen auch die Verdauung. Um das Brot noch gesünder zu machen, empfiehlt sich die Beigabe von Samenfrüchten wie z. B. Leinsamen.

Brot ist eines unserer wertvollsten Lebensmittel. Denken Sie daran, wie oft Sie zu einem Stück Brot greifen! Es ist ein Symbol für das Leben – für unser Leben. Es erinnert an Entstehen und Werden, an Saat und Ernte, an die Weiterverarbeitung von Menschen für Menschen – und wir können dankbar dafür sein!

Früher wurde das Getreide auf den Bauernhöfen selber angebaut, und jede Bäuerin hat wohl ihr eigenes Brotrezept entwickelt. Auch in der heutigen Zeit besinnt man sich wieder auf diese Werte – Vollgetreide wird wieder den Auszugsmehlen vorgezogen, und es gibt gute Bezugsquellen für gesundes Getreide.

Dabei gibt es einige Tipps, wie man saftige Brote selber herstellen kann:

- Getreide fein mahlen
- einige Stunden, am besten über Nacht quellen lassen (mit Wasser anweichen)
- eher weichere Teige zubereiten
- Molke, Buttermilch oder Sauermilch anstatt Wasser verwenden, ergibt andere Geschmacksrichtungen und lockert den Teig

- verschiedene Getreidesorten verwenden, z.B. Dinkel, Triticale, Roggen, Weizen, auch kleinere Anteile von Mais, Gerste und Hafer

- an Brotgewürzen nicht sparen

- Samenfrüchte daruntermischen – das Brot bleibt dadurch länger saftig (Leinsamen, Sonnenblumenkerne, Sesam, Kürbiskerne)

- bei Roggenbroten und Roggenmischbroten Sauerteig verwenden – dieser kann einfach „weitergezüchtet" werden, indem man vor jedem Backen eine Handvoll Teig zurückbehält, in ein Sackerl gibt und im Brotmehl oder im Kühlschrank aufbewahrt. Vor Verwendung mit lauwarmem Wasser, etwas Mehl und Zucker zu einem dickflüssigen Teig anrühren und über Nacht stehen lassen.

- Eine eigene Brotwanne erleichtert die Arbeit – sie soll nicht ausgewaschen werden, weil auch so der Sauerteig auf das nächste Brot übertragen werden kann.

- vor dem Backen Brotlaibe antupfen – mit Ei, Wasser, Kaffee oder Biastmilch bestreichen

- zum Backen etwas Wasser ins Rohr stellen

- bei Heißluft (ca. 180–190 °C) backen, bei Ober- und Unterhitze 200–220 °C

- Klopfprobe vor dem Herausnehmen machen – Brot muss hohl klingen

Zur Abwechslung schmeckt neben Vollkornbroten auch ein einfaches Bauernbrot aus Roggen- und Weizenbrotmehlen sehr gut. Der Phantasie beim Ausprobieren hauseigener Rezepte sind dabei keine Grenzen gesetzt!

Kefir

Voll- oder Magermilch
Kefirbakterien

- Milch auf 85–90 °C erhitzen
- ca. 10–15 Minuten Temperatur halten
- abkühlen auf 20–25 °C
- impfen mit Kefirbakterien aus einem gekauften Becher (auf 5 l Milch ca. 1 Becher Kefir)
- bei Zimmertemperatur ca. 24 Stunden zugedeckt stehen lassen
- kühlen, dann verrühren
- gekühlt trinken

Tipp: *Kefir ist ein sehr gesundes, stärkendes und belebendes Getränk.*

Grammelschmalz

Schweinefett
Zwiebel
Knoblauch
Salz

- Schweinefett würfelig schneiden
- auslassen
- abseihen und auspressen
- einige Grammeln mit Fett, fein gehackter Zwiebel, viel Knoblauch, Schnittlauch und Salz vermischen

Tipp: *Dieses Grammelschmalz ist ein würziger Brotaufstrich.*

Eingelegte Zucchini

3/4 kg Zucchini
1/2 l Weinessig
1/4 l Wasser
30 g Salz
Lorbeerblatt
Nelken
Knoblauch
Pfefferkörner
Olivenöl

- Zucchini würfeln
- 8 Stunden zwischen gut saugenden Tüchern (oder Küchenkrepp) liegen lassen
- Essig mit Wasser und Salz aufkochen
- Zucchini einlegen
- ca. 5 Minuten kochen – sollen bissfest sein
- abseihen
- in Gläser schichten
- pro Glas 1 Lorbeerblatt und 3 Nelken einlegen
- pro Lage 3 halbe Knoblauchzehen und 5 Pfefferkörner dazugeben
- mit Marinade aufgießen
- mit Olivenöl abdecken und verschließen

Variante: *Gurken verwenden*

Eingelegter Knoblauch

1 kg Knoblauch
1 l heißes Wasser
zum Überbrühen

Marinade:
1/2 l Wasser
1/2 l Wein- oder
Apfelessig
1 EL Pfefferkörner
1 EL Senfkörner
1 EL Zucker
40 g Salz

- Knoblauch mit heißem Wasser überbrühen
- abseihen
- Wasser mit Essig und Gewürzen aufkochen
- Knoblauch 5 – 10 Minuten darin kochen
- in Gläser füllen
- mit einem Schuss Öl abdecken und verschließen

Tipp: *in jedes Glas ein Rosmarinzweigerl legen!*

Variante: *Schalotten verwenden*

Bierlikör

1/2 l dunkles Bier
1/2 kg Zucker
1/8 l Rum
2 Pkg. Vanille
1/8 l Schnaps

- Bier mit Zucker aufkochen
- auskühlen lassen
- Rum, Schnaps und Vanille dazurühren
- abfüllen

Vanillezucker

1 Vanillestange
Staubzucker

- Vanillestange aufschneiden
- mit Staubzucker vermischen
- in ein Glas geben, gut verschließen

Tipp: *Dieser Vanillezucker ist natürlich und echt!*

Ringelblumenschnaps

guter Bauernobstler
oder echter Kornschnaps
Ringelblumenblüten

zum Desinfizieren von Wunden, Vorbeugung gegen Krampfadern

- Blüten in Schnaps ansetzen
- mindestens 3 Wochen ausziehen lassen
- abseihen und abfüllen

Beinwellsalbe

100 g Beinwellwurzeln
1/2 kg Schweinefett

hilft beim Ausheilen von Knochenbrüchen

- Beinwellwurzeln gut waschen
- klein schneiden
- im Schweinefett bei niedriger Temperatur einige Stunden ausziehen lassen
- abseihen und abfüllen

Löwenzahnhonig

1/2 kg Löwenzahnblüten
2 Zitronen
2 l Wasser
2 kg Zucker

Rohrzucker verwenden!

hilft bei Husten und anderen Erkältungen

- Blüten mit Wasser und abgeriebener Zitronenschale ca. 1 Stunde kochen
- abseihen
- mit Zucker und Zitronensaft dick kochen
- in Gläser füllen und verschließen

Unterland

Der Speiseplan war sehr einfach organisiert, die Wochentage hatten ihre typischen Gerichte. Aus Erzählungen meiner Eltern weiß ich, dass für sie noch jeder Tag sehr zeitig mit einer Brennsuppe und einem „Türkenkoch" begann. Montag und Freitag waren „Kiachltage", Dienstag und Donnerstag Knödeltage. Samstags kamen Nudeln mit Fisolen-, Erbsen- oder Gerstensuppe, in anderen Gegenden Samstagnocken auf den Tisch: Gerichte, die wenig Aufwand erforderten und Zeit für den gründlichen Wochenendputz ließen.

Die klimatischen Gegebenheiten machen diese Region, abgesehen von einigen Gebirgshöfen, zu einem fruchtbaren Landesteil, in dem alles gedeiht: Obst, Gemüse, Getreide, Mais, Erdäpfel – Ackerbau und Milchwirtschaft war und ist möglich, sogar Flachs wurde angebaut.

So war die Selbstversorgung in diesem Gebiet vielseitiger und abwechslungsreicher. Trotzdem hieß es sparen, denn Großfamilien und viele Knechte und Mägde mussten versorgt werden. Hier half man sich mit gebundenen Suppen vor den Hauptgerichten, die wohlschmeckend und sättigend zugleich waren. Nicht umsonst galt der Spruch, dass die Knechte nicht wegen einer zu dicken Suppe vom Hof gingen, sondern eher wegen einer zu dünnen.

Um den Hunger zu stillen, brauchte man einerseits eine Kost, die billig, andererseits jedoch ausgiebig war. Hier boten sich die verschiedenen Nocken, Krapfen, Nudeln und Kiachl an.

Zu besonderen Festtagen wurde der Germteig mit „besseren" Zutaten angemacht (mehr Fett und Eier), und außerdem kommen Rosinen in den Teig, z.B. Kirchtagnudeln zur Kirchweih oder Mahnnudeln zu Weihnachten oder anderen Feiertagen.

Auch die Speisenbezeichnungen unterscheiden sich vom übrigen Tirol. Das Unterinntaler „Koch" wird im Oberland als „Muas" bezeichnet, das Unterländer „Muas" („Miasl") heißt im Oberland „Schmarren". Die Grenznähe zu Bayern macht sich auch in der Küche bemerkbar – Germteigspeisen in den verschiedensten Varianten, im Rohr, in der Pfanne oder im Fett gebacken, weisen auf den gemeinsamen Ursprung hin.

Anfallendes Obst und Gemüse musste haltbar gemacht werden – „Schnitzen" (getrocknete Äpfel) und „Kluaban" (Dörrbirnen) wurden in großen Mengen hergestellt und im Winter für Krapfenfüllungen, Zelten und Kompotte verwendet.

Gemüse wurde eingeschnitten und wurde vor allem in Sauerkraut und Rübenkraut eingearbeitet.

Über die Region

Das **Tiroler Unterland**, östlich von Innsbruck gelegen und nicht mit dem Unterinntal gleichzusetzen, umfasst die Bezirke Schwaz, Kufstein und Kitzbühel. Dieses riesige Gebiet ist reich an landschaftlichen und kulturellen Sehenswürdigkeiten: beispielsweise bedeutende Ortschaften wie Schwaz, Jenbach, Rattenberg, Wörgl, Kufstein, St. Johann i.T. und Kitzbühel oder touristische Juwele wie die Achenseeregion (mit dem Rofangebirge), das Zillertal (mit den Zillertaler Alpen) und das Kaisergebirge. Für die Landwirtschaft herrschen günstige klimatische Bedingungen, was zum Wohlstand der Region beiträgt.

Brennsuppe

100 g Butter
120 g Mehl
3/4 l Wasser
3/4 l Milch
1 Ei, Salz
Schwarzbrotwürfel

Vollmehl verwenden!

- aus Butter und Mehl eine Einbrenn bereiten
- mit Wasser und Milch aufgießen
- würzen
- zum Schluss versprudeltes Ei einrühren
- mit Schwarzbrotwürfeln servieren

Fastensuppe

150 g Mehl
1 Prise Salz
einige Tropfen Wasser
150 g Käse
50 g Butter
Schnittlauch
1 l Wasser

Vollgetreide verwenden!

- Mehl mit Salz und einigen Tropfen kaltem Wasser verbröseln (Faferl bereiten)
- 1 l Wasser aufkochen, salzen
- Faferl einkochen
- Käse würfelig schneiden, mit aufkochen
- mit heißer Butter übergießen
- mit Schnittlauch bestreuen

Variante: *Wasserschiedl: ohne Käse zubereitet*

Tipp: *mit Zwiebelbutter übergießen*

Bohnensuppe

200 g Bohnen
1 l Wasser
Salz
20 g Butter
1/2 Zwiebel
20 g Mehl

- Bohnen über Nacht einweichen
- mit diesem Wasser kochen, bis sie durch sind
- Zwiebel in Butter einlaufen lassen
- Mehl anbräunen
- mit etwas Wasser aufgießen, gut versprudeln
- in die Suppe einkochen
- abschmecken
- mit Schnittlauch bestreut servieren

Variante: *gekochte Bohnen mit Äpfelschnitz vermischen, mit Zucker und Zimt bestreuen, mit Butter abschmalzen*

Tipp: *passt gut zu Schmalzgebackenem!*

Kürbiscremesuppe

1 kg Kürbisfleisch
1 Zwiebel
1 EL Butter
1,5 l Wasser oder Suppe
Salz, Petersilie
evt. etwas Rahm
Kernöl und geröstete Kürbiskerne zum Garnieren

- kleinwürfelig geschnittene Zwiebel in Butter andünsten
- Kürbiswürfel dazugeben
- aufgießen
- würzen
- ca. 15 Minuten köcheln lassen
- pürrieren
- evt. Mit Rahm verfeinern
- mit Kernöl und Kürbiskernen garnieren

Brezensuppe

6 Brezen
50 g Butter
ca. 1/4 l Wasser
200 g Käse
Schnittlauch

- Brezen würfelig aufschneiden
- mit heißem Wasser aufgießen
- kurz ziehen lassen
- Butter in einem Reindl zergehen lassen
- abwechselnd eingeweichte Brezen und geriebenen Käse einschichten
- erwärmen
- mit Schnittlauch bestreuen und eventuell mit brauner Butter abschmelzen

Tipp: *ideale Verwendung von altbackenen Brezen!*

Magschoan

Weißbrot
Zucker
Zimt
Milch
Kakao

- Weißbrot (eventuell auch Zopfbrot) in Scheiben schneiden
- lagenweise mit Zimt, Zucker, eventuell Kakao oder Schokoladestückerln in eine Schüssel schichten
- mit Milch übergießen
- durchziehen lassen, kalt servieren

Tipp: *als einfaches Abendessen geeignet*

Mahnnudeln (Schmalznudeln)

1/2 kg Mehl
20 g Germ
ca. 1/4 l lauwarme Milch
2 Eier
2 Dotter
1 Stamperl Schnaps oder Rum
50 g Butter
1 Prise Salz
Butterschmalz zum Ausbacken

Vollgetreide verwenden bzw. mischen!

- Mehl mit Salz vermischen
- Dampfl bereiten oder Germ einbröseln
- mit zerlassener Butter und den übrigen Zutaten zu einem mittelfesten Germteig abschlagen
- zugedeckt rasten lassen
- auf dem Nudelbrett zu einem langen Wecken ausformen
- gleiche Teile abschneiden, zugedeckt aufgehen lassen
- im heißen Butterschmalz zugedeckt langsam backen (obere Seite nach unten ins Fett einlegen)
- umdrehen und fertig backen

Beilage: *Bohnensuppe, Kompotte*
Getränke: *jede Art von Milch*

Wassermuas (Miasl)

1/4 kg Mehl
ca. 1/2 l Wasser
1 Prise Salz

Vollgetreide verwenden!

- Mehl mit Wasser und Salz zu einem Schmarrenteig abrühren
- in einer Pfanne ausbacken
- in kleine Stücke stampfen

Tipp: *als Einlage zu Brennsuppe*

Bladlkiachl (Erdäpfelblattln)

1/2 kg Erdäpfel
ca. 100–150 g Mehl
1 EL Butter
1 Ei
Salz, Kümmel, Muskat
Backschmalz

- Erdäpfel kochen
- heiß passieren
- Butter dazugeben (durch die Wärme zerfließt sie)
- mit Ei und Gewürzen rasch zu einem Teig zusammenkneten (soll nicht kleben)
- messerrückendick auswalken
- Rechtecke ausradeln
- im schwimmenden Backfett ausbacken
- sofort servieren!

Beilage: *Sauerkraut, Blaukraut, Schlaggenkraut, Apfelmus*

Broadakrapfen

250 g Weizenbrotmehl
250 g Roggenmehl
Salz
ca. 1/4 l heißes Wasser
60 g Butter

Fülle:
500 g Topfen (Broada)
Salz
Schnittlauch
Butterschmalz

- Mehl und Salz vermischen
- mit zerlassener Butter und heißem Wasser zu einem Teig verkneten
- ca. 15 Minuten zugedeckt rasten lassen
- eine Rolle formen, davon kleine Stücke abschneiden
- ovale Blätter austreiben
- mit Fülle belegen
- zusammenklappen, Rand andrücken
- im heißen Fett schwimmend ausbacken

Variante: *Spinatfülle: Spinat blanchieren, mit Butter, Knoblauch und Zwiebel anschwitzen lassen, unter die Topfenmasse mischen, eventuell gekochte, geriebene Kartoffel dazugeben*

Beilage: *eventuell Salat*

Getränk: *jede Form von Milch*

Kiachl

500 g Mehl
1 Prise Salz
1/2 Würfel Germ
2 Eier
20 g Butter
ca. 1/4 l lauwarme Milch
1 Stamperl Rum
1 KL Anis
Butterschmalz
zum Ausbacken

Vollgetreide verwenden!

- Mehl mit Salz vermischen
- lauwarme Milch, Eier, zerlassene Butter, Rum und Anis dazugeben
- zu einem mittelfesten Teig abschlagen
- gehen lassen
- mit einem Löffel Teigstücke abstechen, auf dem Brett zu Kugeln ausformen
- zugedeckt gehen lassen
- jeden Kiachl so auseinander ziehen, dass der Teig in der Mitte sehr dünn ist, am Rand soll er dick bleiben
- mit der oberen Seite nach unten in das heiße Fett einlegen, mit Fett bespritzen
- umdrehen und fertigbacken

Tipp: *1 KL Butter zergehen lassen, zuletzt in den Teig einschlagen: Teig wird feiner!*

Beilage: *Bohnensuppe, Kompotte, Preiselbeermarmelade, Sauerkraut*

Variante: *Honigleck*

- Honig mit etwas Wasser und Butter erwärmen, Kiachl darin tauchen

Getränk: *jede Form von Milch*

Krapf-Kiachl

400 g glattes Mehl
400 g gekochte, erkaltete, fein geriebene Erdäpfel
Salz
1–2 Eier
ca. 1/4 l lauwarmes Wasser (oder Milch)
15 g Germ

- Mehl mit Erdäpfel und Salz vermischen
- Germ einbröseln oder Dampfl bereiten
- mit Eiern und Wasser (Milch) zu einem festen Germteig abschlagen
- gehen lassen
- löffelgroße Stücke abstechen
- zu Kugeln formen
- oval leicht auswalken
- zugedeckt noch einmal gehen lassen
- im heißen Fett schwimmend ausbacken

Beilage: *Kompotte*

Tipp: *erkaltet durchschneiden, mit Käse füllen, kurz abbraten*

Getränk: *Milch*

Erdäpfel im Strudelteigblatt

500 g mehlige Erdäpfel
1/8 l Sauerrahm
Kräutersalz
Muskat
Petersilie, Majoran, Oregano, Basilikum

Strudelteig

- Erdäpfel kochen, schälen, pressen
- mit den restlichen Zutaten vermischen
- in Strudelteig einhüllen
- mit Ei bestreichen
- bei 180 °C ca. 25 Minuten backen

Haggerl (Hufeisen)

400 g Mehl
1/8 kg Topfen
1 Ei
ca. 1/4 l lauwarme Milch
Salz
20 g Germ
Backfett

mit Vollmehl mischen!

- Mehl salzen
- Dampfl bereiten oder Germ einbröseln
- mit den restlichen Zutaten zu einem eher weichen Teig abschlagen
- gehen lassen
- löffelgroße Stücke abstechen
- ausformen, zu Haggerl drehen (Hufeisen)
- zugedeckt noch einmal gehen lassen
- einschneiden
- im nicht zu heißen Fett schwimmend ausbacken

Beilage: *Sauerkraut, Apfelmus, Kompotte*

Getränke: *Milch, kalt zum Kaffee*

Gebackene Knödel

400 g Mehl
Salz
20 g Germ
2 Eier
20 g Butter
lauwarme Milch
Backfett
Fleischsuppe

Vollgetreide verwenden!

- Mehl mit Salz vermischen
- Germ einbröseln oder Dampfl bereiten
- mit Eier, zerlassener Butter und lauwarmer Milch zu einem mittelfesten Germteig abschlagen
- gehen lassen
- Knödel ausformen
- zugedeckt gehen lassen
- im heißen Fett ausbacken
- in Fleischsuppe einlegen und mit Schnittlauch bestreut servieren

Beilage: *Salate*

Pfannernudeln

Teig:
1/2 kg Mehl
20 g Germ
Salz
50 g Butter
1 Dotter
ca. 1/4 l Milch

zum Einlegen:
1/4 kg Butter
1/4 l Wasser

Vollgetreide verwenden bzw. mischen!

- Mehl mit Salz vermischen
- Germ einbröseln oder Dampfl bereiten
- mit zerlassener Butter, Dotter und lauwarmer Milch zu einem mittelfesten Germteig abschlagen
- zugedeckt gehen lassen (mindestens 1/2 Stunde)
- Butter mit Wasser in einer großen Pfanne aufkochen
- auf die Seite stellen
- vom Germteig knödelgroße Stücke formen
- in die Pfanne einlegen
- mit Deckel gut verschließen
- ca. 15 Minuten am Herdrand stehen lassen
- dann die Pfanne auf die heiße Platte geben
- ca. 15 Minuten braten, ohne den Deckel zu öffnen
- Deckel weggeben
- die goldgelben Pfannernudeln wenden, ebenso anbraten
- dann sofort servieren

Beilage: *Gerstensuppe, Bohnensuppe, Dörrpflaumenkompott*

Getränk: *jede Art von Milch*

Schottnocken (Topfennocken, Broadanocken)

1/4 kg Mehl
1/2 kg Schotten (Topfen)
2–3 Eier
Salz
etwas Milch
Butterschmalz
zum Abbraten

Vollmehl verwenden!

- alle Zutaten zu einem eher weichen Teig zusammenrühren
- mit einem Löffel Nocken abstechen, im Fett anbraten
- umdrehen und fertigbacken

Variante: *Schnittlauch dazugeben*

Beilage: *Salat, Kompott*

Getränk: *Milch oder Buttermilch*

Schliachtarnudeln

Teig:
400 g Mehl
2 Eier
Salz
lauwarmes Wasser

zum Kochen:
1 l Wasser
100 g Graukäse
etwas Zieger
100 g Schnittkäse
1 Schale Rahm
Salz
Schnittlauch
eventuell Zwiebel

- aus Mehl, Salz, Eiern und etwas lauwarmem Wasser einen Nudelteig bereiten
- gut durchkneten
- auswalken
- Bandnudeln schneiden
- Wasser mit Salz und Zieger aufkochen
- Bandnudeln einkochen
- Graukäse und Schnittkäse dazugeben
- zuletzt Rahm untermischen
- einmal aufkochen
- mit Butter oder angerösteter Zwiebel abschmalzen
- mit Schnittlauch bestreut servieren

Getränk: *Milch, Buttermilch*

Variante: *Schissalnudeln*
- Nudeln in Salzwasser kochen, abschrecken
- lagenweise mit Käse, Graukäse, Zieger in eine Schüssel schichten
- mit Zwiebelbutter abschmalzen
- mit Schnittlauch bestreut servieren

Fastenknödel (Semmelknödel)

400 g Semmelbrot
50 g Butter
1 Zwiebel
Petersilie
Salz
3 Eier
eventuell etwas Mehl
ca. 1/4 l Milch

- würfelig geschnittenes Brot mit heißer Milch angießen
- fein geschnittene Zwiebel in Butter andünsten
- alle Zutaten rasch zu einem Knödelteig abkneten
- Knödel formen
- im kochenden Salzwasser oder Dampf garen

Beilage: *Erbsensuppe; zu Fleisch- und Pilzgerichten servieren*

Variation: *Kasknödel*

- Zur Semmelbrotmasse 250 g geriebenen Käse (Tilsiter, Bergkäse, Graukäse, am besten gemischt) geben.

Bandnudeln

300 g Mehl
Salz
1 Ei
lauwarmes Wasser
Salzwasser zum Kochen

- aus Mehl, Salz, Ei und lauwarmem Wasser einen Nudelteig bereiten
- gut durchkneten
- auswalken
- Bandnudeln schneiden
- in Salzwasser kochen

Beilage: *Bohnensuppe oder als Beilage zu verschiedenen Fleischspeisen*

Thierseer Kiachl

1/2 kg Mehl
1/8 kg Topfen
1 Prise Salz
20 g Germ
lauwarmes Wasser
Backfett

Vollmehl verwenden!

- Mehl mit Salz vermischen
- Germ einbröseln oder Dampfl bereiten
- Topfen dazugeben
- mit lauwarmem Wasser zu einem festen Germteig abschlagen
- gehen lassen
- löffelgroße Stücke abstechen
- zu Kugeln formen, dann oval leicht auswalken
- zugedeckt noch einmal gehen lassen
- im heißen Fett schwimmend ausbacken

Beilage: Kompotte
Getränk: jede Art von Milch

Brandenberger Kaser

Teig:
250 g Mehl
ca. 3/8 l Wasser
Salz

Gschöp:
300 g gekochte, fein passierte Erdäpfel
150 g Graukäse
150 g Butter
1 Zwiebel
Schnittlauch
Salz, Pfeffer
etwas heißes Wasser

Vollgetreide verwenden!

- Palatschinkenteig bereiten
- dünne Blätter ausbacken
- mit Fülle (= Gschöp) füllen
- einrollen
- heiß servieren

Fülle:

- Erdäpfel kochen, schälen und passieren
- mit Graukäse, Butter, Wasser, fein gehackter Zwiebel, Salz und Pfeffer vermischen
- abrösten
- auf jedes „Bladl" aufstreichen und einrollen

Holzknechtkrapfen

Teig:
150 g Mehl
1 Dotter
2 Eier
ca. 3/8 l Milch
Salz

Fülle:
6 mittlere Erdäpfel
150 g Graukäse
Schnittlauch
1 kleine Zwiebel
Salz, Pfeffer
etwas gekochtes Wasser

- Zutaten zu einem Palatschinkenteig zusammenrühren
- dünne Palatschinken herausbacken
- Erdäpfel kochen, passieren
- Graukäse verbröseln, daruntermischen
- fein geschnittene Zwiebel, Schnittlauch, Gewürze und eventuell etwas Wasser dazugeben
- gut verrühren
- Palatschinken damit füllen
- sofort servieren

Samstagnocken

400 g Mehl
etwas Salz
1 l Wasser
50 g Butter
Schnittlauch
150 g Käse

- in einer Pfanne 1 EL Butter zergehen lassen
- 1 l Wasser dazugeben, salzen, aufkochen lassen
- Mehl mit etwas Salz und einigen Tropfen Wasser verbröseln, Faferl bereiten
- in das kochende Wasser unter ständigem Rühren einkochen
- langsam köcheln lassen
- geriebenen Käse darunterrühren, ziehen lassen
- mit heißer Butter abschmalzen
- mit Schnittlauch bestreuen

Tipp: *In der Pfanne soll eine Prinze entstehen, daher sehr langsam köcheln lassen!*

Beilage: *verschiedene Salate*

Getränk: *jede Art von Milch*

Schutznudeln

1/2 kg Mehl
1/4 kg Topfen
30 g Germ
1 EL Zucker
2 Eier
1 Prise Salz
20 g Butter
Saft und Schale
einer Zitrone
etwas Milch
Butter zum Ausbacken

Vollgetreide verwenden!

- Mehl mit Salz und Zucker vermischen
- Dampfl bereiten oder Germ einbröseln
- mit Topfen, zerlassener Butter, lauwarmer Milch und den restlichen Zutaten zu einem mittelfesten Germteig abschlagen
- gehen lassen
- etwas Butter in einer Pfanne zergehen lassen
- aus dem Teig Nudeln formen
- in die Pfanne legen (nicht zuviel auf einmal)
- in der Pfanne wenden (= schutzen), damit sie auf allen Seiten schön braun werden (die Nudeln sollen aufreißen)
- langsam durchbacken lassen

Beilage: *Kompotte, Apfelmus*

Getränk: *Milch in jeder Form*

Türkenwixer (Türkenreastl)

300 g Türkenmehl
Salz
Wasser
Butter zum Ausbraten
eventuell 1–2 Äpfel

- Türkenmehl salzen
- mit etwas heißem Wasser aufgießen
- quellen lassen
- in Butter oder Butterschmalz rösten
- zuletzt eventuell gehobelte Äpfel mitbraten

Getränk: *Buttermilch, Milch*

Zillertaler Krapfen

Teig:
300 g Roggenmehl
100 g griffiges Mehl
1 Prise Salz
Milch oder Wasser nach Bedarf (kalt)

Fülle:
1/2 kg Erdäpfel
1/4 kg Topfen (am besten direkt von einem Bauern)
Salz, Schnittlauch
etwas heißes Wasser
Backfett oder Butter zum Auspressen

- alle Zutaten für den Teig vermischen und so viel Flüssigkeit dazugeben, bis ein fester Nudelteig entsteht
- langes, kräftiges Kneten macht den Teig glatt
- aus diesem Teig ein Stück herunterschneiden, zu einer Rolle mit 5 cm Durchmesser formen
- dann kleine Stücke aus dieser Rolle abschneiden und diese sehr dünn auswalken (runde Formen)
- mit Fülle belegen und zusammenschlagen, Rand gut ausdrücken, damit die Fülle nicht ausläuft
- in heißem Butterschmalz ausbacken bzw. in Butter herauspressen

Aufgrund ihrer bodenständigen Zutaten sind Zillertaler Krapfen sehr nahrhaft und sättigend. Daher waren sie seit jeher auf dem bäuerlichen Speisezettel ein idealer Energielieferant für die schwere Feldarbeit. Heutzutage werden die Krapfen oft auf Zeltfesten als Begleiter von Bier angeboten, aber auch mit Milch schmecken sie hervorragend.

Fülle:
- Erdäpfel kochen und passieren
- mit Topfen, Salz und Schnittlauch vermischen
- mit heißem Wasser zu einer bindigen Masse abrühren

Variante: *Anstelle von Topfen kann man auch Graukäse verwenden!*

Beilage: *verschiedene Salate oder Rübenkraut*

Getränk: *Dazu empfehlen wir ein Glas Frischmilch oder Buttermilch!*

Broadaknödel (Topfenknödel)

400 g Semmelbrot
150 g Topfen
ca. 1/4 l Milch
1 Zwiebel
50 g Butter
3 Eier
Petersilie
Salz
Butter und Zwiebel zum Abschmalzen

- kleinwürfelig geschnittenes Knödelbrot mit heißer Milch aufgießen
- fein geschnittene Zwiebel in Butter andünsten
- mit den restlichen Zutaten zu einem Knödelteig abmischen
- Knödel formen
- im Salzwasser oder Dampf garen
- mit lauwarmer Zwiebelbutter abschmalzen

Beilage: *Salat*
Getränk: *Milch*

Schottzöpferl

500 g glattes Mehl
1/2 Würfel Germ
3 Dotter
250 g Topfen
Rum
Salz
1 EL Zucker
ca. 1/8–1/4 l lauwarme Milch

Vollmehl verwenden bzw. mischen!

- Mehl mit Salz und Zucker vermischen
- Germ einbröseln oder Dampfl bereiten
- mit den restlichen Zutaten zu einem mittelfesten Germteig abschlagen
- zugedeckt gehen lassen
- ausformen (mit einem Esslöffel Teigstückerl abstechen, auf dem Brett zu Rollen ausformen, Zöpferl flechten)
- zugedeckt gehen lassen
- im heißen Fett ausbacken (mit der oberen Seite nach unten ins Fett einlegen, dann umdrehen)

Beilage: Kompotte, Moosbeermandl

Dampfnudeln

Teig:
500 g Mehl
20 g Germ
50 g Butter
2 Eier
2 EL Zucker
1 EL Rum
1 Prise Salz
ca. 1/4 l lauwarme Milch

zum Einlegen:
1/4 l Milch
2 EL Rum
2 EL Butter
Vanille
1 Stamperl Rum

Vollgetreide verwenden!

- Mehl mit Zucker und Salz vermischen
- Dampfl bereiten oder Germ einbröseln
- mit lauwarmer Milch, zerlassener Butter, Eier und Rum zu einem mittelfesten Germteig abschlagen
- zugedeckt gehen lassen
- in einer Pfanne Milch, Zucker, Butter, Vanille und Rum erwärmen
- vom Germteig mit Löffel Stücke abstechen, in die warme Milch einlegen
- zudecken und langsam kochen
- Deckel nicht öffnen, sonst fallen die Dampfnudeln zusammen

Variante: *Rosinen in den Teig geben*

Beilage: *Kompotte, Vanillesauce*

Getränk: *Eiermilch, Milch*

Tipp: *Man kann die Dampfnudeln auch in Karamellmilch garen:*

- Zucker karamellisieren
- mit Milch aufgießen und aufkochen, bis sich der Karamellzucker gelöst hat
- Butter, Rum und Vanillezucker dazugeben
- in diese Karamellmilch die Dampfnudeln einkochen

Schmarren (Zuckermuas)

300 g Mehl
3–4 Eier
1 Prise Salz
ca. 1/2 l Milch
Butter zum Ausbacken

- Mehl mit Salz vermischen
- mit Milch abrühren
- zuletzt Eier leicht unterheben
- Butter in einer Pfanne erwärmen, Schmarren eingießen (in mehreren Partien)
- beidseitig backen
- in kleine Stücke stampfen
- mit Zucker bestreut servieren
- wenn Früchte beigemischt werden, mit Zimtzucker bestreuen

Variation: *Nach dem Eingießen des Teiges können verschiedene Früchte daraufgestreut bzw. bereits vorher in den Teig eingearbeitet werden.*

Beilage: *Kompotte, Preiselbeermarmelade*

Getränk: *Milch*

Grießkoch (Grießmus)

1 l Milch
160 g Grieß
etwas Salz
Zucker und Zimt zum Bestreuen
etwas zerlassene Butter zum Übergießen

- Milch erwärmen
- unter ständigem Rühren Grieß einrieseln lassen
- aufkochen
- mit zerlassener Butter, Zucker und Zimt servieren

Variante: *statt mit Butter, Zucker und Zimt mit Preiselbeermarmelade servieren*

Mascherl

500 g Mehl
50 g Butter
2 EL Zucker
1 Prise Salz
Zitronenschale (ungespritzt)
2–3 Eier
1 Stamperl Rum
evt. etwas lauwarme Milch
Zimt und Staubzucker zum Bestreuen

Vollgetreide verwenden!

- Mehl mit Salz, Zucker, Zitronenschale vermischen
- Butter zergehen lassen
- mit den restlichen Zutaten zu einem mittelfesten Teig zusammenkneten
- gut durchkneten
- ca. 20 Minuten zugedeckt rasten lassen
- zu Rechtecken ausschneiden (3 × 7 cm)
- in der Mitte zusammendrücken, sodass Mascherl entstehen
- im heißen Fett backen
- mit Zimt und Zucker noch heiß bestreuen

Tipp: *verschiedene Formen ausstechen (Ringerln, Blattln = Moarblattln)*

Beilage: *Kompotte*

Getränk: *jede Art von Milch*

Topfenkrapferl

300 g Topfen
300 g Mehl
4–5 Eier
1 Pkg. Backpulver
etwas Milch
Salz
Backfett

Vollmehl verwenden!

- alle Zutaten zu einem dickflüssigen Teig abrühren
- mit Löffel Nockerln abstechen
- im Fett schwimmend ausbacken
- eventuell mit Zimt und Zucker bestreuen

Beilage: Kompotte
Getränk: Milch

Kluabakrapfen

Teig:
500 g Mehl
50 g Butter
3 Dotter
1 EL Rum
1 Prise Salz
etwas Milch

Fülle:
250 g Kluaban (Dörrbirnen)
100 g Mohn
1 EL Rum
2 EL Zucker
5 EL Zwetschkenmarmelade
Vanillezucker
Zimt
Backfett (Butterschmalz)

- Mehl mit zerlassener Butter und den anderen Zutaten zusammenmischen (mittelfester Teig)
- gut durchkneten, bis der Teig schön glatt ist
- in 4 Teile teilen, jedes Stück einzeln durchkneten
- ca. 20 Minuten zugedeckt stehen lassen
- jede Kugel zu einem dünnen Teigblatt ausrollen
- auf der Hälfte des Teigblattes in regelmäßigen Abständen von ca. 3 cm mit einem Esslöffel die Fülle aufsetzen
- das Teigblatt zusammenschlagen
- mit dem Teigradl Krapfen ausradeln (jeweils zwischen der Fülle)
- im heißen Fett ausbacken (die obere Seite nach unten ins Fett einlegen), mit Fett begießen, damit sie schön aufgehen, dann umdrehen und hellbraun fertigbacken
- abtropfen lassen
- mit Staubzucker bestreut servieren

Fülle:

- Birnen weichkochen und faschieren
- mit geriebenem Mohn und anderen Geschmackszutaten vermischen
- eventuell mit der Flüssigkeit vom Birnenkochen zu einer geschmeidigen Masse verrühren

Gertränk: *Milch in jeder Form!*
Variante: *Die Krapfen können auch nur mit Marmelade gefüllt werden.*

Zwetschkenschober

3/8 kg Topfen
3/8 l Milch
3/8 l Grieß
3 Eier
3 EL Zucker
Vanille
3 EL Butter
3/4 kg Zwetschken

- Topfen passieren
- mit Milch, Grieß, Dotter, Zucker und Vanille gut verrühren
- zuletzt den steifen Schnee unterziehen
- in einer Auflaufform Butter zergehen lassen
- mit halbierten Zwetschken auslegen
- Teig darübergeben
- bei 180 °C ca. 30–40 Minuten backen
- mit Zucker bestreut servieren

Getränk: *Milch*

Tschagrutschen

1/2 Schale Semmelbrot
1/2 Schale Süßrahm
2 Stamperl Rum
1 Handvoll Rosinen
1 EL Zucker
1 EL Zimt
1 Prise Salz
3 Schalen Mehl
etwas Milch
Butter zum Ausbacken

Vollmehl verwenden!

- alle Zutaten zusammenmischen
- Laibchen formen
- in Butter herausbacken

Klotzenstrudel

1/2 kg Mehl
1/2 Würfel Germ
2–3 Eier
3 EL Zucker
1 Msp. Salz
1/8–1/4 l lauwarme Milch
50 g Butter

Fülle:
ca. 250 g Dörrbirnen (Klotzen)
ca. 1/2 l Wasser
1 EL Zimt
1 Msp. Nelkenpulver
Zucker nach Geschmack
1 Stamperl Rum
eventuell Vanillezucker

Vollgetreide verwenden!

- Mehl mit Salz und Zucker vermischen
- Germ einbröseln oder Dampfl zubereiten
- zerlassene Butter, lauwarme Milch und Eier dazugeben
- zu einem mittelfesten Germteig abschlagen
- zugedeckt gehen lassen
- Fülle bereiten
- Germteig zu einem Rechteck auswalken
- mit Fülle bestreichen
- einrollen
- ca. 3–4 cm dicke Stücke abschneiden
- mit der offenen Seite nach oben in eine befettete Form einlegen und backen

Fülle:

- Dörrbirnen mit Wasser weichkochen
- faschieren oder mixen
- mit den restlichen Zutaten und etwas Kochflüssigkeit zu einer geschmeidigen Masse abrühren

Tipp: *nach dem Backen mit gesponnenem Zucker bestreichen: 1/8 l Wasser und 1/8 l Zucker spinnen (= aufkochen bis er Fäden zieht), etwas Zitronensaft dazugeben*

Variante: *Zwetschkenmarmelade zur Fülle mischen*

Getränk: *jede Form von Milch*

Obst

Süße Schätze aus der Natur – konserviert für kalte Zeiten ...

Bereits zur Erntezeit wird uns bewusst, dass der Winter unvermeidlich näher rückt. Die Konservierung von Obst ist nicht nur eine Arbeit, die sich spätestens nach dem ersten Schnee bezahlt macht, sondern auch ein sehr sinnliches Erlebnis.

Möglichkeiten gibt es genug, auch im Winter von den süßen Früchten zehren zu können!

- Schon früher wurden Äpfel und Birnen in Spalten aufgeschnitten, aufgefädelt und gedörrt, um daraus im Winter gute Speisen, wie z.B. Krapfen und Zelten zubereiten zu können.

  Auch als gesunde Nascherei zwischendurch erfreut sich Dörrobst jetzt besonderer Beliebtheit. Dafür können verschiedene Früchte im Backrohr (max. 60–70 °C, im Dörrapparat, in der Sonne oder im Schatten (je nach Obstart) getrocknet werden. Luftig und trocken aufbewahren ist wichtig.

- Marmeladen, Jams und Gelees in den verschiedensten Mischungen sorgen für Abwechslung am Frühstücks- oder Jausentisch. Für die Zubereitung soll nur einwandfreies Obst verwendet werden.

◆ Auch Kompotte sind im Winter gefragt – dafür gibt es einige Ideen in diesem Buch, und natürlich werden Interessierte weitersuchen und ... finden, vielleicht schon bei der benachbarten Bäuerin?

◆ Konzentriertes Fruchterlebnis im Winter bieten selbst erzeugte Säfte – entweder als Rohsaft gewonnen oder durch die erprobte Methode des Dampfentsaftens, wodurch gleichzeitig eine gute Haltbarkeit gegeben ist.

◆ Und auch auf einen guten Obstkuchen, auf Moosbeernocken oder Marillenknödel im Winter brauchen Sie dank der Möglichkeit des Einfrierens nicht verzichten. Sie sehen, die Arbeit lohnt sich, oder vielleicht finden Sie eine Bäuerin, welche diese Kostbarkeiten für Sie zubereitet?

Dörrpflaumenkompott

1/4 kg Dörrpflaumen
50 g Zucker
1 l Wasser
1/2 Zimtstange
2 Nelken

- alle Zutaten aufkochen lassen
- überkühlt servieren

Beilage: *beliebt zu verschiedenen Germteigspeisen*

Hollermandl

1/2 l Wasser
200 g Zucker
1 Zimtstange
3 Nelken
1/2 kg Hollerbeeren
2 EL Maizena

- Wasser mit Zucker und Gewürzen aufkochen
- Hollerbeeren mitkochen
- Maizena mit etwas kaltem Wasser verrühren
- Kompott damit eindicken

Tipp: *heiß mit Vanilleeis servieren: ergibt eine wunderbare Nachspeise*

Variante: *statt Hollerbeeren Moosbeeren verwenden*

Beilage: *Holler- oder Moosbeermandl wird als Zuspeise für Germteigspeisen gerne verwendet.*

Holler- oder Holunderbeeren sind ausgesprochen schmackhaft, aber auch sehr gesund. In der Volksmedizin werden sie als wirksames Mittel gegen Ischias, Rheuma und ähnliche Leiden eingesetzt. Der Saft aus den Beeren regt außerdem die Verdauung an.

Eiermilch

1/4 l Milch
1/4 l Rahm
3 Dotter
3 EL Zucker
Vanille
1 Stamperl Rum

- alle Zutaten sehr gut miteinander vermischen, eventuell mixen

Eierbier

1 l Bier
2 EL Zucker
2 Eier

- alle Zutaten sehr gut miteinander vermischen

Tipp: *dunkles Bier verwenden, Stärkungsmittel*

Abgeschmalzene Erdäpfel

1 kg Kartoffel
Kümmel
Salz
150 g Bauchspeck

- Erdäpfel schälen
- vierteln
- im Wasser oder im Dampf weichkochen
- würzen
- dann abseihen
- Speck würfelig schneiden, anrösten
- Erdäpfel damit übergießen

Variation: *mit Zwiebelbutter abschmalzen*

Beilage: *Salate*

Getränk: *Milch*

Marillenstreuselkuchen

200 g Butter
200 g Zucker
1 KL Vanillezucker
4 Eier
Zitronensaft, Rum
300 g Mehl
1/2 KL Backpulver

1 kg Marillen

Streusel:
100 g Mehl
70 g Zucker
50 g Butter
1 KL Vanillezucker
1/2 KL Zimt

100 g gehobelte Mandeln

Vollmehl verwenden!

- Abtrieb aus Butter, Zucker, Dotter und Geschmackszutaten herstellen
- Eiklar steif schlagen
- Mehl mit Backpulver vermischen
- abwechselnd Dottermasse und mit Backpulver vermischtes Mehl in den Schnee unterheben
- auf ein mit Backpapier ausgelegtes Blech streichen
- mit Marillenstücken dicht belegen
- mit Streusel abdecken
- gehobelte Mandeln darüber streuen
- ca. 35 Minuten hell backen

Streusel:

- alle Zutaten verbröseln

Topfennockerl mit Fruchtpüree

1/4 kg Topfen
1/4 l Rahm
1 Pkg. QimiQ
Melissensirup
evt. etwas Staubzucker
feingehackte Melissen- und Steviablätter
Saft von 1 Zitrone

- Qimiq glatt rühren
- Topfen und Geschmackszutaten einrühren
- Schlagobers unterziehen
- einige Stunden kalt stellen
- Nockerl abstechen
- mit Fruchtpüree anrichten (verschiedene Früchte mixen, evt. mit Fruchtlikören abschmecken)

Walnußkuchen

200 g Butter
200 g Zucker
5 Eier
2 EL Rum
1 KL Zimt
120 g Mehl
1 Msp. Backpulver
200 g geriebene Walnüsse

Dinkel- oder Weizenvollmehl verwenden, 1 Ei zusätzlich!

- Butter mit Zucker, Dotter und Geschmackszutaten schaumig rühren
- Eiklar steif schlagen
- abwechselnd die Dottermasse mit Nüssen und Mehl (vermischt mit Backpulver) unterheben
- in eine große Kastenform füllen und ca. 3/4 Stunde bei 180 °C Heißluft backen
- mit heißer Marmelade bestreichen
- mit Schokoladeglasur überziehen

Tipp 1: *Schnee mit 1 Prise Salz ausgeschlagen wird steifer*

Tipp 2: *In Folie eingewickelt bleibt der Kuchen längere Zeit saftig: Vorratskuchen!*

Almnüsse

1 kg Mehl
300 g Staubzucker
4 Eier
1 Prise Salz
1 Pkg. Vanille
1 Stamperl Rum
1 Zitrone/Saft und Schale
ca. 1/4 l Rahm
Backfett

Vollgetreide verwenden!

- alle Zutaten zu einem Teig zusammenkneten
- gut durchkneten, bis er glatt ist
- ca. 1/4 Stunde rasten lassen
- Rollen ausformen
- kleine Stücke abschneiden und daraus Kugerln formen
- in Butterschmalz ausbacken

Tipp: *in Zimt-Zucker-Gemisch wälzen*

Almnüsse wurden früher beim Almabtrieb verteilt!

Dinkelroulade

1/4 l Eiklar
1 Prise Salz
120 g Staubzucker
100 g geriebene Schokolade oder
1 EL Kakao
100 g Dinkel
1 EL Rum
1 Pkg. Vanille
2 EL Öl
Marillenmarmelade zum Füllen

- Eiklar und eine Prise Salz zu festem Schnee schlagen
- langsam Zucker und Vanille einschlagen
- Schokolade und Dinkelmehl mit Öl und Rum unter die Masse ziehen
- Backblech mit Backpapier auslegen
- Masse aufstreichen
- bei 190 °C Heißluft ca. 10 Minuten backen
- Geschirrtuch mit Kristallzucker bestreuen
- Kuchen darauf stürzen, vorsichtig Backpapier lösen
- mit heißer Marillenmarmelade, vermischt mit etwas Rum, einstreichen
- einrollen und anzuckern

Apfel-Müsli-Riegel

100 g Butter
50 g Rohrzucker
1 EL Honig
Zimt
1 Ei
50 g Dinkel
150 g Haferflocken
100 g Nüsse
3 Äpfel
1 Msp. Backpulver
Sesam zum Wälzen

- Abtrieb aus Butter, Zucker, Honig und Ei herstellen
- Haferflocken mit etwas Butter kurz in einer Pfanne anrösten
- Äpfel grob raffeln
- alle Zutaten zusammenmischen
- Kugerl oder Riegel formen, in Sesam wälzen
- ca. 15 Minuten bei 180 °C Heißluft backen

Brandenberger Prügeltorte

1/2 kg Eier (ca. 10 Stück)
1/2 kg Zucker
1/2 kg Mehl
1/2 kg Butter
Vanille
Zitronenschale

- Eier mit Zucker dickschaumig rühren
- Mehl dazugeben
- Zitrone und zerlassene Butter dazugeben

Tipp: *Die Prügeltorte ist ein altes Brauchtumsgebäck. Sie wird auf einem Nudelwalker-ähnlichen, leicht kegelförmigen Prügel, der über dem Feuer eingehängt wird, gebacken. Der Prügel wird gedreht und nach und nach mit Teig begossen. Fehlt Ihnen die entsprechende Vorrichtung, fragen Sie einmal beim Bauernmarkt.*

Stanitzel

5 Eier
250 g Staubzucker
150 g griffiges Mehl
Vanille
Schlagrahm zum Füllen
eventuell verschiedene Früchte

- alle Zutaten kurz zusammenrühren
- Blech befetten und bemehlen
- mit einer Untertasse Kreis markieren
- Teig ganz dünn aufstreichen
- rasch backen
- sofort zu Stanitzeln zusammendrehen
- erkaltet mit Schlagrahm füllen
- eventuell Früchte dazugeben

Tipp: *Stanitzel lassen sich sehr gut auf Vorrat backen, in einer Dose aufbewahren!*

Kirschkuchen

250 g Butter
250 g Zucker
3 Eier
1 Prise Salz
250 g Mehl
1 KL Zimt
1 KL Backpulver
Kirschen

Dinkel- oder Weizenvollmehl verwenden, 1 Ei zusätzlich!

- Butter, Dotter, Zucker und Geschmackszutaten schaumig rühren
- Eiklar zu festem Schnee ausschlagen
- abwechselnd den Abtrieb und das Mehl (vermischt mit Backpulver) unterheben
- 2/3 des Teiges in eine Tortenform füllen
- Kirschen darauf verteilen
- restlichen Teig mit Löffel häufchenweise darauf verteilen
- ca. eine 3/4 Stunde bei 180 °C Heißluft backen
- mit Zimtzucker bestreuen

Variante: *Probieren Sie den Kuchen mit Marillen, Zwetschken oder beliebigem anderen Obst!*

Eierlikörtorte

5 Eier
300 g Zucker
1 EL Vanillezucker
2 EL Rum
1/8 l Milch
1/8 l Öl
300 g Mehl
1/2 KL Backpulver

Tränke:
1/4 l Kaffee
1 Stamperl Rum
2 EL Kakao

Belag:
1/2 l Rahm
1/4 l Eierlikör

- Eier mit Zucker und Geschmackszutaten schaumig rühren
- Milch und Öl dazugeben
- Mehl mit Backpulver vermischen
- in die Eiermasse vorsichtig unterheben
- in eine mit Backpapier ausgelegte Tortenform streichen
- bei 180 °C ca. 40–50 Minuten backen
- in die warme Torte mit Spieß Löcher einstechen
- Kaffee mit Rum und Kakao mischen
- Torte damit übergießen
- erkalten lassen
- mit steif geschlagenem Rahm einstreichen (Rand aufspritzen)
- mit Eierlikör überziehen

Germzopf

800 g Mehl
100 g Butter
1 Dotter
ca. 1/2 l Milch
40 g Germ
1 Prise Salz
Rum
100 g Zucker
Anis

Vollgetreide verwenden!

- Mehl mit Salz, Zucker und Gewürzen vermischen
- Dampfl bereiten oder Germ einbröseln
- mit zerlassener Butter und lauwarmer Milch zu einem mittelfesten Germteig verkneten
- zugedeckt gehen lassen
- Zopf ausformen
- noch einmal kurz gehen lassen
- mit Ei bestreichen
- ca. 45 Minuten bei 180 °C Heißluft backen

Variante: *Rosinen dazugeben*

Zimtparfait mit warmen Apfelwürfeln

6 Dotter
200 g Zucker
1 Orange
1/2 l Rahm
2 KL Zimt
2 KL Rum

1/4 l Apfelsaft
2 Äpfel
1 kleines Stück Zimtrinde
2 EL Zucker
1 EL Maizena

- Kastenform mit Klarsichtfolie auslegen
- Dotter mit Zucker über Dampf dickschaumig aufschlagen, Orangensaft, Zimt und Rum dazugeben, kalt schlagen, geschlagenen Rahm unterheben, in die Form füllen, tiefkühlen

- Äpfel in Würfel schneiden, Apfelsaft mit Zucker und Gewürzen aufkochen, Apfelwürfel kurz mitkochen, mit Maizena eindicken

Tipp: *Parfait lässt sich sehr gut auf Vorrat zubereiten. Vor der Verwendung kurz antauen lassen!*

Rotholzer Vollkornbrot

1 kg Dinkel
1 kg Triticale
1 kg Weizenbrotmehl
1 Handvoll Brotgewürz
2 Pkg. Germ
Sauerteig
ca. 50 g Salz
lauwarmes Wasser
oder Molke

- Dinkel und Triticale (fein gemahlen) mit Salz und Gewürzen vermischen
- mit Wasser oder Molke aufgießen
- einige Stunden stehen lassen, damit Vollgetreide quellen kann
- Sauerteig mit etwas Wasser und Mehl vermischen (dickflüssiger Teig), ebenso einige Stunden gehen lassen
- zum Weiterarbeiten Weizenbrotmehl, Sauerteig und Germ zum Vollmehlgemisch geben
- gut abkneten – eventuell etwas Flüssigkeit oder Mehl, je nach Festigkeit, einkneten
- gut gehen lassen
- Laibe ausformen – diese nochmals kurz gehen lassen
- mit Wasser bestreichen, nach Bedarf mit Sesam bestreichen
- bei 190 °C Heißluft ca. 1 Stunde backen

Brezen

450 g Dinkel
450 g Weizenmehl
20 g Salz
1 Würfel Germ
ca. 1/2 l kaltes Wasser
Lauge (vom Bäcker oder aus der Apotheke)
grobes Salz zum Bestreuen

- fein gemahlenen Dinkel mit Weizenmehl und Salz vermischen
- Dampfl bereiten oder Germ einbröseln
- mit kaltem Wasser zu festem Germteig abkneten
- kurz rasten lassen
- Teigstücke ausrollen und zu Brezen schlingen
- verkehrt auf ein mit Backpapier ausgelegtes Blech auflegen
- ca. eine halbe Stunde kühl gehen lassen
- mit Lauge gut bestreichen und mit grobem Salz bestreuen
- heiß backen (ca. 200 °C Heißluft): Rohr einen Spalt offen lassen, damit der Laugendampf entweichen kann

Angerberger Magenbrot

1/2 kg Roggenmehl
1/2 kg Weizenmehl
2–3 Eier
1 Prise Salz
2 EL Öl
1/4 l Milch
1/4 kg Zucker
1 Würfel Feigenkaffee
1 Pkg. Backpulver
1 Pkg. Vanille

Glasur:
1/8 l Wasser
1/4 kg Zucker
2 EL Kakao
1 KL Zimt
1/2 KL Nelkenpulver

Vollgetreide verwenden!

- alle Zutaten zusammenkneten
- Rollen formen
- in Klötzerl schneiden
- backen
- ofenwarm in die Glasur tunken bzw. Klötzchen damit übergießen

Glasur:

- Wasser mit Zucker spinnen (ca. 1/2 Stunde kochen)
- Gewürze dazugeben

Neidegger Hausbrot

1/2 kg Roggenbrotmehl
1/2 kg Weizenbrotmehl
1 Pkg. Germ
Salz
Kümmel, Koriander
Fenchel, Anis
Wasser

- Mehl mit Salz und Gewürzen mischen
- Dampfl bereiten
- mit warmem Wasser zu schönem Brotteig abkneten
- ca. 1 Stunde gehen lassen
- Laibe ausformen
- mit Wasser oder Kaffee bestreichen, einstechen
- noch einmal kurz gehen lassen
- bei ca. 200 °C (Heißluft 170 °C) ca. 1 Stunde backen

Graukäse

Magermilch

- Magermilch zur Säuerung an einen warmen Platz stellen (eventuell Sauermilch oder Molke aus einem Betrieb, bei dem die Graukäseerzeugung funktioniert, zusetzen)
- 1–3 Tage stehen lassen, die Milch muss stocken und sehr gut sauer sein (auf der Oberfläche der gestockten Milch entstehen Risse)
- gestockte Milch in einen Topf umschöpfen, langsam auf 35–45 °C erwärmen (am besten über Nacht zugedeckt stehen lassen): Topfen soll oben schwimmen
- noch einmal erwärmen auf 50–53 °C
- den schwimmenden Topfen in Stücke schneiden, öfters umdrehen
- gut ziehen lassen
- abschöpfen, ca. 6 Stunden austropfen lassen
- mit Salz, Pfeffer, eventuell Kümmel verbröseln
- in eine gelochte Form drücken, ca. 12 Stunden stehen lassen, stürzen
- warm reifen lassen, bis auf der Oberfläche Risse entstehen
- täglich wenden
- im Keller (15–20 °C) ca. 2 Wochen ausreifen lassen

Wer Graukäse erzeugen will, tut gut, wenn er vorher in einem Betrieb zuschauen darf. Solche Möglichkeiten wahrzunehmen, ist die beste Gelegenheit zum Erlernen dieser „Wissenschaft“, denn „Graukäse“ braucht viel Übung und Erfahrung.

Tipp: *Graukäse wird gegendweise sehr unterschiedlich zubereitet, er ist sehr unterschiedlich im Aussehen und im Geschmack.*

Ziegerkugeln

Käsemolke (Jutten) oder Buttermilch (vom Buttern)

- Käsemolke oder Buttermilch auf ca. 60 °C erhitzen
- stehen lassen, bis sich der Schotten zusammenzieht (Schotten ist dem Topfen ähnlich)
- abseihen, austropfen lassen
- nach 2–3 Tagen fein verbröseln
- würzen mit Pfeffer, Salz, eventuell Paprika
- Kugeln formen
- 1 Tag auf einem Brett antrocknen lassen
- dann 3–4 Tage räuchern
- an der Luft fertigtrocknen lassen

Beilage: *Zieger fein aufgerieben passt zu vielen Nudelgerichten und Suppen sehr gut!*

Topfenaufstrich

1/4 kg Topfen
2 EL Sauerrahm
Kräutersalz

- alle Zutaten gut verrühren

Variation: *Versuchen Sie auch die bunten Variationen!*
Anstelle von Sauerrahm
- Kürbiskernöl (grün)
- Rohnensaft (rot)
- Karottensaft (gelb)

verwenden.

- auf Wunsch verschiedene Kräuter dazugeben

Osttirol

Die überlieferte Hausmannskost wird geprägt von den Produkten, die Acker und Stall damals lieferten, da ein Zukauf von Lebensmitteln aus finanziellen und verkehrstechnischen Gründen nicht möglich war. Auf den Äckern wurden Roggen, Gerste, Hafer, wenig Weizen, Buchweizen (Schwarzplenten) und Erdäpfel angebaut. Verwendetes Obst und Gemüse erhielt man aus dem Hausgarten und von wilden Sträuchern. Ein beliebtes Lebensmittel war der Mohn, der auf den Bauernhöfen selbst angebaut wurde und für viele Gerichte verwendet wurde.

So wie in jedem Tiroler Landesteil hat auch in Osttirol beinahe jedes Tal „seine" Spezialitäten oder zumindest eine gänzlich andere Bezeichnung für diese Speisen.

Die Osttiroler Kost ist nahe verwandt mit der Südtiroler, im Speziellen der „Pusterer Küche".

Milch wurde fast zu jeder Speise auf den Tisch gebracht, und zusätzlich versorgte man sich mit Butter, Topfen, Käse und anderen Milchprodukten selbst.

Fleisch gab es nur zu besonderen Festtagen, den „Kuchlfesttagen", wie z.B. Weihnachten, wo knapp vorher geschlachtet wurde. Da keine Möglichkeit zum Tiefgefrieren bestand, wurde es zum Großteil eingesurt und geselcht. So war es länger haltbar und konnte noch für verschiedene Gerichte, wie z.B.

den Gerstenbrein (Gerstensuppe mit Fleischstücken) verwendet werden.

Der Speiseplan der damaligen Zeit war nicht sehr abwechslungsreich, dafür aber umso energiereicher, was durch anstrengende körperliche Arbeit auf den Bauernhöfen Berechtigung fand. „Wie die Verpflegung, so die Bewegung" – war ein Anspruch vieler Knechte.

Zum Frühstück gab es vorwiegend Brennsuppe, Schottsuppe, Muas und dazu Milch. Danach folgte der „Neuner" (Vormaß) mit Milch und Brot. Zum Mittagessen wurde Gersten-, Schotten- oder Pfarfelesuppe aufgetragen, anschließend folgten dienstags und donnerstags Knödel, mittwochs Strauben oder Nudeln, freitags Kiachln oder Polenta, samstags Schlipfkrapfen, sonntags Knödel mit Kraut, manchmal sogar Fleisch. Am Nachmittag aß man zur „Marende" Brot mit Milch, eventuell auch Malzkaffee und zum „Znachtessen" Suppe, anschließend meist Kartoffeln und Milch oder Muas.

Die Kost war einfach und gut. Eine bewusste Rückbesinnung auf die Essgewohnheiten unserer Vorfahren kann uns aufzeigen, wie vielfältig man mit wenig Zutaten kochen kann. Diese Gerichte können wir auf unsere Ernährungssituation umlegen, mit heimischem Gemüse, Obst und Fleisch aufwerten: sie sollen Osttiroler Spezialitäten bleiben, für uns und unsere Nachkommen!

Über die Region

Osttirol ist geographisch betrachtet vom Rest des Bundeslandes isoliert. Es liegt zwischen Salzburg und Kärnten und grenzt an die italienischen Regionen Trentino, Südtirol und Venetien.
Die Täler Osttirols – Pustertal, Iseltal, Defereggental, Virgental, Kalser Tal und Teile des Gailtals – sind vor allem für den Wandertourismus erschlossen. Die Hohen Tauern mit dem bedeutenden Nationalpark und die Karnischen Alpen durchziehen den Bezirk Lienz, den flächenmäßig größten Bezirk Tirols. Neben der Bezirkshauptstadt Lienz sind Matrei i.O., Nußdorf-Debant, St. Jakob i.D. und Sillian bekannte Ortschaften.

Gerstensuppe mit Bohnen

60 g Rollgerste
50 g Bohnen
100 g Wurzelwerk
150 g Selchfleisch
oder Speck
1 1/2 l Wasser
Salz
Petersilie
1 Spritzer Essig

- Gerste und Bohnen über Nacht einweichen
- alle Zutaten dazugeben und kochen, nicht salzen (eventuell im Dampfdrucktopf)
- wenn Fleisch gar ist, alle Zutaten würfelig schneiden
- salzen und abschmecken

Tipp: *Wenn das Salz gleich dazukommt, dauert es länger, bis die Hülsenfrüchte gar sind! Ein Spritzer Essig macht das Eiweiß der Hülsenfrüchte leichter verdaulich!*

Gerstensuppe

200 g Speck
100 g Gerste
1 Karotte
1 kleine Petersilienwurzel
1,5 l Wasser
Salz

- Gerste über Nacht einweichen
- die Hälfte des Speckes kleinwürfelig schneiden
- anrösten – glasig werden lassen
- gequollene Gerste und würfelig geschnittenes Wurzelwerk dazugeben
- mit Wasser aufgießen
- die andere Hälfte des Speckes im Ganzen mitkochen

Variante: *„Krautgeascht" (Krautgerstl)*

- zuletzt Sauerkraut dazugeben, wird eintopfartig

Schottsuppe

30 g Butter
40 g Mehl
3/4 l Milch
3/4 l Wasser
100 g bröseliger Topfen (Schotten)
1/8 l Rahm
Schnittlauch
Salz

Vollmehl verwenden!

- Butter erhitzen
- Mehl anschwitzen lassen
- mit Milch und Wasser aufgießen
- den Schotten einbröseln
- würzen
- ca. 20 Minuten kochen lassen
- Süßrahm dazugeben, noch einmal aufkochen lassen
- mit Schnittlauch bestreut servieren

Milzschnittensuppe

Weißbrotscheiben
Milz
Knoblauch
Salz, Pfeffer
Petersilie
Thymian
50 g Butter
1 Ei
2–3 EL Semmelbrösel
Butterschmalz zum Ausbacken
Rindsuppe
Schnittlauch

- Milz ausstreifen und fein wiegen
- Butter abtreiben, Milz, Ei, Gewürze und Kräuter dazugeben
- mit Semmelbrösel binden
- Masse auf Weißbrotscheiben aufstreichen
- in Butterschmalz ausbacken
- in Schnitten schneiden
- mit Suppe servieren

Brennnesselsuppe

30 g Butter
30 g Mehl
1 Knoblauchzehe
1 kleine Zwiebel
1/2 l Milch
ca. 1/2 l Wasser
Salz
1 großes Büschel junge Brennnesselblätter
1 Zweigerl Liebstöckel
Petersilie
Schnittlauch
1/8 l Rahm

- Brennnessel blanchieren und fein hacken oder mixen
- fein geschnittene Zwiebel in Butter anlaufen lassen
- Mehl anschwitzen
- mit Milch und Wasser aufgießen
- würzen
- fein gehackte Brennnesselblätter, Kräuter und Knoblauch dazugeben
- zuletzt mit Rahm verbessern

Milchsuppe mit Grieß

1 l Milch
60 g Grieß
1 Prise Salz
1 EL Zucker
1/2 Zimtstange

- Milch mit Salz, Zucker und Zimtstange aufkochen
- Grieß einkochen
- leicht köcheln lassen
- nach Belieben ein nussgroßes Stück Butter in die Suppe geben

Variante: *statt Grieß 70 g Reis oder 40 g Haferflocken verwenden*

Tipp: *einfaches, schnelles Abendessen, vor allem für Kinder*

Osttiroler Schlipfkrapfen

Teig:
300 g glattes Mehl
1 Ei, Salz
ca. 1/4 l lauwarmes Wasser

Fülle:
300 g gekochte Erdäpfel
150 g Topfen
1 kleine gehackte Zwiebel
40 g Butter
100 g geriebener Käse
Schnittlauch

Vollgetreide verwenden!

- aus Mehl, Ei, Salz und lauwarmem Wasser einen mittelfesten Nudelteig bereiten
- zugedeckt ca. 20 Minuten rasten lassen
- messerrückendick auswalken
- rund ausstechen
- Fülle häufchenweise auf die Teigblätter geben
- Teigränder zusammenschlagen und fest andrücken
- mit feuchtem Hangerl abdecken
- in kochendes Salzwasser partienweise einlegen
- ca. 10 Minuten leicht kochen lassen
- abschrecken
- mit zerlassener Butter, geriebenem Käse und Schnittlauch servieren

Bei den original Osttiroler Schlipfkrapfen werden die Teigränder verziert – gepitscht: mit Daumen und Zeigefinger den Rand des Teiges mehrfach umlegen, dadurch entsteht ein zöpfchenähnlicher Rand.

Fülle:

- Erdäpfel kochen, schälen und passieren
- passierten Topfen dazugeben
- Zwiebel in Butter anrösten, zur Fülle mischen
- mit Salz und Schnittlauch abschmecken

Beilage: *Salat*
Getränk: *jede Art von Milch*

Speckknödel

400 g Knödelbrot oder altbackene Semmeln
150 g Speck
150 g Wurst oder Selchfleischreste
1 Zwiebel
Petersilie
Salz
3 Eier
ca. 1/4 l Milch
eventuell etwas Mehl

- Knödelbrot (bzw. Semmeln in Würfel geschnitten) mit heißer Milch übergießen
- Speck und Zwiebel feinwürfelig schneiden und anrösten
- zur Brotmasse dazugeben, würzen
- ebenso feinwürfelig geschnittene Wurst und gehackte Petersilie daruntermischen
- mit Eier und eventuell etwas Mehl zu einem Knödelteig abkneten mit nassen Händen Knödel formen
- in kochendem Salzwasser oder im Dampf garen

Beilage: *Rindsuppe, Sauerkraut, Salate, Apfelmus*

Variante: *im Backfett ausbacken, dann erst mit Suppe servieren*

Zwiebelkuchen

Teig:
1/2 kg Mehl
1 Prise Salz
20 g Germ
ca. 1/4 l lauwarme Milch

Belag:
1/2 kg Zwiebeln
150 g Bauchspeck
1/8–1/4 l Sauerrahm
200 g geriebener Käse
Oregano, Majoran, Basilikum
Kümmel, Salz, Muskat

Vollgetreide verwenden!

- Mehl mit Salz vermischen
- Germ einbröseln oder Dampfl bereiten
- mit lauwarmem Wasser zu einem mittelfesten Germteig abschlagen
- zugedeckt ca. 30 Minuten gehen lassen
- auswalken auf Blechgröße, ca. 1 cm dick
- Belag darüberstreichen
- bei 180 °C Heißluft ca. 1/2 Stunde backen

Belag:

- Speck würfelig schneiden, anrösten, bis er glasig ist
- Zwiebel ringelig schneiden, mitrösten
- diese Masse leicht überkühlen lassen
- Sauerrahm, geriebenen Käse und Gewürze dazugeben
- gut verrühren und auf den Teig aufstreichen

Beilage: *Kartoffelsuppe, Salat*

Nudel-Spinat-Rolle

Nudelteig:
300 g Mehl
2 Eier
ca. 1/8 l lauwarmes Wasser
Salz

Eieromelette:
4 Eier
Salz, Muskat
4 EL Milch
2 EL geriebener Parmesan

Fülle:
300 g Blattspinat, blanchiert
2 EL Butter
1 Knoblauchzehe
Salz, Muskat
200 g Schinken

- für den Nudelteig alle Zutaten verkneten, kurz rasten lassen
- die Zutaten für die Eieromelette verquirlen, Omeletten herausbacken
- Spinat in Butter andünsten, würzen

- Nudelteig auswalken
- mit Eieromeletten belegen
- Spinat darauf verteilen
- mit Schinkenscheiben abdecken
- einrollen
- in ein Geschirrtuch oder in Folie einwickeln
- ca. 45 Minuten in leicht kochendem Wasser ziehen lassen bzw. im Dampf garen
- herausnehmen
- in ca. 2 cm dicke Scheiben schneiden
- mit brauner Butter servieren

Überbackenes Gemüse

1,20 kg Gemüse (Broccoli, Kohlrabi, Karotten, Karfiol, Lauch …)
2 Becher Sauerrahm
3 Eier
Salz
Petersilie, Thymian, Oregano, Majoran
1 Knoblauchzehe
200 g geriebener Bergkäse

- Gemüse würfelig oder in Scheiben schneiden
- kurz vordünsten
- Sauerrahm mit Eiern und Gewürzen verrühren
- lagenweise Gemüse, Sauerrahmgemisch und Käse in eine Form füllen
- mit Käse abdecken
- im Rohr ca. 20 Minuten überbacken

Erdäpfelbuchteln

300 g Mehl
500 g Erdäpfel
1 Würfel Germ
3 Dotter
Salz
ca. 1/4 l Milch
40 g Butter
evt. gerösteter Speck, vorgedünstetes Gemüse oder Kräuter zum Füllen

- Erdäpfel kochen, schälen, heiß passieren
- mit den restlichen Zutaten zu einem Germteig verkneten
- ca. 30 Minuten gehen lassen
- auf einem bemehlten Blech ausrollen
- evt. füllen
- zu Buchteln formen
- mit zerlassener Butter bestreichen
- in eine Form schlichten
- nochmals gehen lassen
- im Rohr bei 180 °C ca. 30 Minuten backen

Beilage: *Tomatensauce, Gemüse; sehr gute Beilage zu Fleischgerichten*

Schwarzplentenknödel

300 g Knödelbrot
1/4 kg Bauchspeck
1 kleine Zwiebel
3–4 Eier
ca. 1/4 l heiße Milch
200 g Schwarzplentenmehl (= Buchweizen)
Salz
Petersilie

- Knödelbrot mit Milch übergießen
- Speck kleinwürfelig schneiden
- mit fein geschnittener Zwiebel anrösten
- mit fein gehackter Petersilie und Salz zum Knödelbrot geben
- Eier und Buchweizenmehl daruntermischen
- zu einem eher weichen Teig vermengen
- kurz rasten lassen, Knödel formen
- im Salzwasser oder im Dampf garen

Beilage: *Sauerkraut oder als Beilage zu Fleischgerichten*

Zucchinistrudel

Strudelteig:
200 g glattes Mehl
1 Ei
3 EL Olivenöl
1 EL Essig
Salz
lauwarmes Wasser

Fülle:
1 kg Zucchini
3 Knoblauchzehen
200 g Schafskäse
Salz, Basilikum

- alle Zutaten zu einem Strudelteig zusammenkneten
- mit Öl bestreichen
- warm rasten lassen
- ausziehen
- mit Semmelbröseln leicht bestreuen und mit Zucchinifülle belegen

Fülle:

- Zucchini würfelig schneiden
- mit Salz, Basilikum und Knoblauch vermischen
- auf den ausgezogenen Strudelteig auf 2/3 der Fläche verteilen
- würfelig geschnittenen Schafskäse darüber geben
- mit etwas Olivenöl beträufeln
- einrollen
- mit Olivenöl bestreichen
- bei 180 °C Heißluft ca. 30–40 Minuten backen

Tipp: *mit Kräutersauce servieren*
1/8 l Sauerrahm
1/8 l Joghurt
1 Knoblauchzehe
Salz
Zitronensaft
Thymian, Oregano, Basilikum, Petersilie

- alle Zutaten verrühren

Rindsroulade mit Brätfülle

6 Rindsschnitzel
0,50 kg Fleischkäsebrät
0,25 kg Blattspinat
etwas Öl zum Anbraten
Salz, Pfeffer
1 EL Maizena
1/8 l Rahm

- Schnitzel klopfen
- salzen und pfeffern
- mit Brätmasse bestreichen
- Blattspinat in Butter andünsten, mit Knoblauch und Salz würzen
- auf die Brätmasse geben
- Schnitzel einrollen
- zusammenstecken oder zusammenbinden
- Rouladen in Fett anbraten
- mit Suppe oder Wasser aufgießen
- ca. eine Stunde (je nach Fleischart) köcheln lassen
- zuletzt mit Maizena und Rahm binden

Lammkoteletts

6 Lammkoteletts
Salz
etwas Olivenöl
Knoblauch
Rosmarin
Thymian
Oregano
Erdäpfel
Tomaten

- Lammkoteletts mit Olivenöl, Knoblauch und Gewürzen einreiben
- in wenig Olivenöl beidseitig anbraten
- mit ganz wenig Wasser aufgießen
- Erdäpfel schälen, in Scheiben schneiden, mitbraten
- vor dem Garwerden einige Tomaten kurz mitbraten

Beilage: *Fisolen, Salate*

Rosmarinrostbraten

4 Rostbraten
Kräutersalz
Rosmarin
Olivenöl

Jus:
Rindsknochen
Fleischabschnitte
Wurzelwerk
Gemüsereste
Zwiebel
Knoblauch
Kräutersalz
etwas Rotwein
etwas Tomatenmark

- Fleisch mit Rosmarin in Olivenöl einlegen
- kurz vor dem Braten mit Kräutersalz würzen
- in der Pfanne auf beiden Seiten anbraten
- im Rohr kurz zugedeckt bei niedriger Temperatur rasten lassen
- mit Sauce anrichten

Jus:

- Knochen, Fleischabschnitte und Gemüse gut anbraten, aufgießen, alle Zutaten dazugeben
- einige Stunden köcheln lassen
- abseihen
- portionsweise einfrieren
- bei Verwendung mit Maizena binden und Tomatenmark dazugeben

Schöpsernes mit Wurzelsauce

1 kg Schaffleisch
250 g Wurzelwerk (Karotten, Petersilie, Sellerie, Lauch, Zwiebel)
Pfefferkörner
Lorbeerblatt
Majoran
Liebstöckel
Thymian
Rosmarin
40 g Olivenöl
1/8 l Sauerrahm

- Wasser mit Gewürzen und Wurzelwerk aufkochen
- Fleischstücke in das kochende Wasser einlegen und kochen, bis das Fleisch gar ist
- Fleischstücke herausnehmen, in Mehl wälzen
- in Öl auf allen Seiten knusprig anbraten
- mit der Kochbrühe übergießen
- im Rohr bei 200 °C kurz braten
- Brühe mit Wurzelwerk mixen, abschmecken
- mit Sauerrahm verbessern

Beilage: *Rosmarinkartoffeln, Eingebrannte Erdäpfel*

Osttiroler Blattlstock

Germteig:
750 g Mehl
100 g Staubzucker
100 g Butter
2 Eier
1 Pkg. Germ
Salz
ca. 1/4 l Milch

Fülle:
750 g Mohn
200 g Zucker
1 Stamperl Rum
Zimt
Nelkenpulver
Zitronenschale
ca. 1/2 l Milch
300 g Butter zum Abschmalzen
Zuckerwasser

Vollgetreide verwenden!

- aus Mehl, Zucker, zerlassener Butter, Eiern, Salz, Germ und lauwarmer Milch einen mittelfesten Germteig bereiten
- zugedeckt gehen fassen
- eine Rolle formen
- 5 Stücke abschneiden, diese zu runden Blättern auswalken, zugedeckt gehen lassen, einstechen
- bei 180 °C (Heißluft) backen
- Mohn mit Milch, Zucker und Gewürzen aufkochen
- auskühlen lassen
- Teigblätter mit Zuckerwasser einstreichen
- mit Mohnfülle und zerlassener Butter bestreichen
- Blätter übereinander legen
- auf das letzte Blatt am meisten Butter geben, damit sie seitlich abtropft und erstarrt

Hochzeitsnigelen

400 g Mehl
2 Erdäpfel
1 Ei
1 Dotter
ca. 1/4 l Milch
50 g Butter
Salz
20 g Germ
1 EL Zucker
Backfett
Mohn zum Bestreuen
Honigsauce zum Begießen

Vollmehl verwenden!

- Mehl mit gekochten, geriebenen Erdäpfeln, Salz und Zucker vermischen
- Germ einbröseln oder Dampfl bereiten
- mit zerlassener Butter und lauwarmer Milch zu einem weichen Germteig abschlagen
- aufgehen lassen
- nussgroße Teigkugerln abstechen, rund ausformen
- zugedeckt gehen lassen
- im heißen Fett ausbacken
- mit Mohn bestreuen und mit Honigsauce begießen

Honigsauce:
- Honig mit etwas Butter und Wasser leicht erwärmen

Beilage: *Kompotte, Apfelmus*

Getränk: *Milch*

Variante: *Ingsante Nigelen*
- 50 g Mehl in 50 g Butter anschwitzen
- mit ca. 1/2 l Milch aufgießen
- gut verrühren
- Vanille, Rum und 1 EL Zucker dazugeben
- Nigelen in diese Sauce einlegen und servieren

Eingemachter Kürbis

7 l Kürbiswürfel
1/2 l Weinessig
Zucker (Hälfte des Kürbisgewichtes)
1 Zimtrinde
5 Nelken
2 Zitronen
1/2 l Weißwein
1 Stück Ingwer

- Kürbis in Würfel schneiden
- mit Essigwasser übergießen (so viel Wasser dazugeben, dass die Würfel eingeweicht sind)
- einen Tag stehen lassen
- abseihen
- die Flüssigkeit mit den restlichen Zutaten aufkochen
- die Kürbiswürfel einlegen und bissfest kochen
- heiß in Gläser füllen und gut verschließen

Beilage: *passt gut zu Fleischgerichten*

Specksalat

1 Kopf Salat
100 g fein geschnittener Bauchspeck
3 Schwarzbrotscheiben

- Speck anrösten
- Schwarzbrotscheiben in Würfel schneiden und mitrösten
- überkühlen lassen
- mit Essig vermischen und Salat damit marinieren

Tipp: *Frische Kräuter verfeinern den Salat! (Schnittlauch, Zitronenmelisse, Dill, Bohnenkraut, Estragon)*

Brennnesselspinat

200 g junge Brennnesselblätter
50 g Butter
ca. 1/2 l Milch
2–3 EL Mehl
Salz, Pfeffer, Muskat, Knoblauch

- Brennnessel blanchieren, passieren
- Mehl in Butter anschwitzen lassen
- mit Milch aufgießen
- Brennnessel und Gewürze dazugeben
- kurz aufkochen lassen

Rosmarinerdäpfel

6 große Erdäpfel
Olivenöl
Rosmarin
Salz

- Kartoffeln schälen
- in ca. 1/2 cm dicke Scheiben schneiden
- Olivenöl in einer Pfanne erhitzen
- Erdäpfelscheiben anbraten
- mit viel Rosmarin (am besten frisch!) bestreuen
- fertigbraten – erst zuletzt salzen!

Tipp: *mit Salat ein einfaches gutes Abendessen*

Beilage: *zu Fleischgerichten*

Variante: *Rosmarinerdäpfel lassen sich sehr gut im Backrohr zubereiten:*

- in eine Form einlegen, Rosmarin und Öl dazugeben, bei 190 °C ca. 45 Minuten backen, zuletzt salzen

Topfen-Ölteig

200 g Topfen
6 EL Milch
1 Ei
1/8 l Öl
100 g Staubzucker
1 KL Vanillezucker
1 Prise Salz
400 g Mehl
1 KL Backpulver
3 EL Rum

Fülle für Apfel-Mohn-Schnecken:
1/4 l Apfelmus
200 g Mohn
3 EL Zucker
Vanille, Rum, Zimt

Fülle für Topfentörtchen:
1/4 kg Topfen
1 Ei
2 EL Zucker
Vanille, Zitronensaft, Rum
1 EL Puddingpulver

Vollmehl verwenden!

- Topfen mit Milch, Ei, Öl, Zucker und Geschmackszutaten verrühren
- Mehl mit Backpulver vermischen
- löffelweise einmixen
- restliches Mehl evt. mit Hand unterkneten

Tipp: *Gut geeignet für alle Strudelvariationen, Nussschnecken …*

Variante 1: *Apfel-Mohn-Schnecken*
- alle Zutaten verrühren
- Topfen-Ölteig auswalken
- mit Fülle bestreichen
- zusammenrollen
- in Stücke schneiden
- bei 180 °C ca. 20 Minuten backen
- mit Staubzucker bestreuen

Variante 2: *Topfentörtchen*
- alle Zutaten verrühren
- Topfen-Ölteig auswalken
- Kreise ausstechen
- einen Kreis mit einem Esslöffel Fülle belegen
- einen zweiten Kreis darüber legen
- zusammendrücken und den Rand rundherum zur Mitte drücken, sodass eine Blüte entsteht
- mit Ei bestreichen
- bei 180 °C ca. 20 Minuten backen
- mit Staubzucker bestreuen

Joghurtkuchen

1 Becher Joghurt
1 1/2 Becher Zucker
3 Becher Mehl, griffig
1 Becher Öl (bzw. zerlassene Butter)
1 Pkg. Vanille
1 Pkg. Backpulver
5 Eier
etwas Marillenmarmelade
ein Schuss Rum

Glasur:
150 g Schokolade
100 g Butter

fein gemahlenes Dinkelmehl verwenden, zusätzlich 1 Ei, weil Vollmehl mehr Flüssigkeit braucht

- Dotter mit Zucker und Vanille schaumig rühren
- Eiklar zu festem Schnee schlagen
- Dottermasse abwechselnd mit Öl, verrührtem Joghurt und Mehl (vermischt mit Backpulver) unterheben
- in eine Tortenform füllen, bei 180 °C Heißluft ca. 3/4 Stunde backen
- Schokolade mit Butter über Dampf erweichen
- Kuchen mit heißer Marillenmarmelade, vermischt mit Rum, überziehen und glasieren

Buchweizenkuchen

1/4 kg Butter
1/4 kg Zucker
1/4 kg Nüsse
1/4 kg Buchweizenmehl
5 Eier
1 Pkg. Backpulver

- Butter mit Zucker und Dotter schaumig rühren
- Eiklar mit 1 Prise Salz zu steifem Schnee schlagen
- abwechselnd geriebene Nüsse und Buchweizenmehl vermischt mit Backpulver unterheben
- bei 180 °C Heißluft ca. eine 3/4 Stunde backen

Tipp: *mit Preiselbeermarmelade servieren bzw. darübergeben!*

Rhabarberkuchen

Teig:
300 g Mehl
1 Msp. Backpulver
150 g Butter
60 g Zucker
2 Dotter
eventuell etwas
Rahm oder Milch

Belag:
250 g Rhabarber
50 g Zucker
Zitronensaft
einige Löffel Wasser

Windmasse:
2 Eiklar
100 g Zucker

- Mehl mit Zucker und Backpulver vermischen
- mit Butter abbröseln
- rasch mit Dotter und Rahm oder Milch zusammenkneten
- auf Blechgröße auswalken
- kurz vorbacken
- Rhabarber mit Zitronensaft, etwas Wasser und Zucker dünsten
- auf den vorgebackenen Teigboden aufstreichen
- Eiklar zu steifem Schnee schlagen, mit Zucker ausschlagen
- darübergeben
- Kuchen bei 150 °C langsam fertigbacken

Apfel-Walnuss-Kuchen

300 g Mehl
200 g geriebene Walnüsse
200 g Butter
150 g Staubzucker
2 Eier
1/2 KL Backpulver
1 KL Vanillezucker

Fülle:
1 kg Äpfel
100 g Zucker
Saft von 1 Zitrone
1/2 KL Zimt

Vollmehl verwenden!

- Mehl mit Butter abbröseln
- Staubzucker, Vanillezucker und Backpulver untermischen
- mit den Eiern rasch zu einem Mürbteig verkneten
- ca. 30 Minuten kühl rasten lassen
- Teig halbieren
- die Hälfte auf Blechgröße auswalken
- auf ein befettetes Blech legen
- mit Apfelfülle belegen
- aus dem restlichen Teig Röllchen formen
- gitterartig auf der Fülle verteilen
- ca. 40 Minuten bei 180 °C Heißluft backen

Fülle:

- Äpfel schälen, blättrig schneiden
- mit Zucker, Zitronensaft und etwas Wasser kurz vordünsten
- überkühlen lassen

Gute Schnitten

3 Eier
3 eischwer Butter
3 eischwer Zucker
3 eischwer Mehl
3 Rippen Schokolade
Ribiselmarmelade

Schokoladeglasur:
150 g Schokolade
100 g Butter

- Butter mit Zucker und Eier abtreiben
- erweichte Schokolade dazugeben
- Mehl unterheben
- auf befettete und bemehlte Kuchenform streichen
- bei 180 °C backen
- erkaltet mit heißer Ribiselmarmelade bestreichen
- mit Schokoladeglasur überziehen

Lebkuchen

800 g Roggenmehl
1/4 kg Honig
1/2 kg Zucker
4 Eier
2 KL Zimt
2 KL Muskat
2 KL Nelkenpulver
2 1/2 KL Natron
1 EL Kakao
2 EL zerlassene Butter
Zitronenschale
1/8 l Kaffee

Vollgetreide verwenden!

- Zucker mit den Gewürzen mischen
- Eier dazugeben, mit der Schneerute verrühren
- Honig, Rum, zerlassene Butter, Kakao und Kaffee dazugeben
- Mehl mit Natron vermischen und darunterheben
- Teig auf das befettete Blech streichen
- Rohr vorheizen
- ca. 15 Minuten backen bei ca. 200 °C (oder 170 °C Heißluft) und in Stücke schneiden

Haferflockenbusserl

100 g Butter
100 g Zucker
1 Ei
50 g Mehl
150 g Haferflocken
1/2 Pkg. Backpulver

Vollmehl verwenden!

- aus der Hälfte der Butter, des Zuckers und dem Ei einen Abtrieb bereiten
- Haferflocken mit restlicher Butter und Zucker anrösten, überkühlen lassen
- Mehl vermischt mit Backpulver und Haferflocken zum Abtrieb geben (eventuell etwas Milch dazugeben)
- mit Löffel Busserl auf ein befettetes Blech setzen
- bei 180 °C Heißluft backen

Variante: in Rum eingeweichte Rosinen oder würfelig geschnittene Schokolade dazugeben

Zwetschken-Mohntorte

Mürbteig:
120 g Mehl
80 g Butter
40 g Staubzucker
2 Dotter

Mohnmasse:
120 g Mohn
30 g Zucker
1 EL Honig
1 EL Rum
Zimt, Zitronensaft
1/8 l Milch

Teig:
60 g Butter
80 g Staubzucker
3 Dotter
Vanille, Zitronensaft
140 g Mehl
1 Msp. Backpulver
4 EL Milch

ca. 1/2 kg Zwetschken
zum Belegen

Mohnmasse:

- Milch aufkochen, Mohn, Honig, Zucker und Geschmackszutaten dazugeben
- überkühlen lassen

Mürbteig:

- Mehl mit Butter abbröseln
- mit Zucker und Dotter rasch zusammenkneten
- ca. 30 Minuten kühl rasten lassen
- ausrollen auf Springformgröße
- kurz vorbacken

Teig:

- Butter mit Dotter, Zucker und Geschmackszutaten abtreiben
- Mehl mit Backpulver vermischen
- abwechselnd mit Milch und Mohnmasse unterheben
- Teigmasse auf den vorgebackenen Tortenboden verteilen
- dicht mit Zwetschken belegen
- bei 180 °C Heißluft ca. 40 Minuten backen
- mit Zimt-Zucker bestreuen

Milchpunsch

1/2 l Milch
1/2 l Rahm
100 g Zucker
2 Dotter
1/2 Stange Vanille
1/4 l Rum

- Milch mit aufgeschlitzter Vanilleschote aufkochen
- ca. 10 Minuten köcheln lassen
- abseihen
- mit Zucker und Rahm vermischen
- noch einmal aufkochen
- dann Dotter einsprudeln
- überkühlen lassen
- mit Rum vermischen

Tipp: *Milchpunsch ist ein ideales Getränk zu verschiedenen Germteigspeisen oder anderen Süßspeisen*

G'stockte Milch

Milch (Rohmilch vom Bauernhof)

- Milch (ca. 25 °C) mit etwas Sauermilch vermischen (1 l Milch, 1–3 EL Sauermilch)
- in einem warmen Raum stehen lassen, bis sie dick ist
- kühl stellen

Tipp 1: *ohne Kulturzugabe wird Milch auch sauer, jedoch in unterschiedlicher Qualität und in längerer Zeit;*
aus pasteurisierter Milch lässt sich keine gute gestockte Milch herstellen
Tipp 2: *gesunde Erfrischung im Sommer*

Eierlikör

1/2 l Milch
1/2 l Rahm
300 g Zucker
8–10 Dotter
1 Vanillestange
1/4 l 80%iger Rum
1/4 l Weinbrand

- Milch, Rahm, Zucker und Vanillestange erhitzen
- Dotter einsprudeln
- Temperatur 10 Minuten halten (ca. 70 °C)
- abkühlen
- Alkohol dazugeben und abfüllen

Tipp: *Wenn Sie den Likör cremiger wollen, dann dicken Sie ihn mit 1 KL Maizena ein!*

Variante:
Kaffeelikör
- 2 EL Löskaffee dazugeben

Schokoladelikör:
- 1 Tafel Schokolade dazugeben

Apfel-Melissen-Punsch

3 EL Zucker
1 l Apfelsaft
1 Zimtstange
3 Nelken
1/8 l Zitronen-melissensirup

Sirup:
1 kg Zucker
1 l Wasser
1 Handvoll Zitronenmelissenblätter
2 Zitronen
30 g Zitronensäure

- Zucker karamellisieren
- aufgießen
- mit den Gewürzen aufkochen
- Melissensirup dazugeben
- ev. mit Wasser verdünnen

Sirup:
- Wasser mit Zucker aufkochen, abkühlen lassen
- Melissenblätter dazugeben
- über Nacht ziehen lassen
- mit Zitronensaft und -säure aufkochen
- in Flaschen füllen

Hollersirup

3 l Wasser
3 kg Zucker
50 g Zitronensäure
3–4 Zitronen, ungespritzt
ca. 30 Hollerblüten

- Wasser mit Zucker aufkochen, überkühlen lassen
- mit Zitronensäure, Zitronensaft und Hollerblüten vermischen
- 3–4 Tage an der Sonne stehen lassen
- abseihen und abfüllen

Variante: *Zitronenmelissenblätter anstatt Hollerblüten verwenden*

Kräutersekt

10 l Wasser
3/4 kg Zucker
1/4 l Apfelessig
2–3 Zitronen, ungespritzt
1 Handvoll Zitronenmelissenblätter
1 Handvoll Schafgarbenblätter und -blüten
1 Zweig Pfefferminze

- in einem Kübel Wasser Zucker und Apfelessig verrühren
- Zitronen in Scheiben schneiden, dazugeben
- Kräuter daruntermischen
- 24 Stunden an einem sonnigen Platz stehen lassen
- öfters umrühren
- abseihen
- in Flaschen füllen, verschließen, kühlstellen

Tipp: *Je länger das Getränk gelagert wird, umso „sektartiger" wird es. Gekühlt ist es aber auch schon nach kurzer Zeit eine gesunde Erfrischung.*

Hollersaft

3 kg Hollerbeeren
500 g Zucker
1 Zimtstange
5 Nelken

- Hollerbeeren mit den Gewürzen vermischen
- dampfentsaften
- mit Zucker aufkochen
- heiß in Flaschen füllen

Tipp: *mit Wasser oder Mineralwasser aufspritzen; Hollersaft ist ein wertvolles Getränk!*

Zitronenmelissenlikör

1/2 kg Zucker
1/4 l Wasser
100 g Melissenblätter
1/2 l Alkohol

- Zucker und Wasser spinnen
- erkaltet mit Melissenblättern und Alkohol in Flaschen füllen
- nach ca. 6 Wochen abseihen – abfüllen

Weichsellikör

1 kg Weichseln
1 l Schnaps
1/2 kg Kandiszucker
1/2 Zimtstange
1/2 Vanillestange
Zitronenmelissenblätter

- Weichseln lagenweise mit Kandiszucker in ein Glas schichten
- Gewürze dazugeben
- mit Schnaps auffüllen
- stehen lassen, bis sich der Kandiszucker gelöst hat
- in Flaschen abfüllen

Variante: *Probieren Sie diesen Likör mit anderen Früchten.*

Kräuter

In der Würze liegt die Kraft

Gewürzkräuter enthalten Aromastoffe, welche bei richtiger Anwendung den typischen Geschmack der Lebensmittel unterstreichen oder mit ihrem Eigengeschmack verschiedene Speisen besonders gut zur Geltung bringen.

Die ätherischen Öle regen die Verdauungssäfte an, die Speisen werden dadurch bekömmlicher. Außerdem erhalten wir durch Kräuter wichtige Vitamine und Mineralstoffe. Hinzu kommt, dass wir durch sie „Farbe“ in unsere Ernährung bekommen – hübsch garniert mit Kräutern schaut jedes Gericht anders aus!

Bohnenkraut

Das würzig-scharfe Bohnenkraut ist bereits seit dem Mittelalter in Tirol bekannt. Wie der Name schon sagt, findet Bohnenkraut vor allem in der Zubereitung von Hülsenfrüchten Verwendung (wegen seiner blähungstreibenden Wirkung). Es eignet sich auch für Fischgerichte, Kartoffel- und Gurkensalate sowie Kräuteressig.

Minze

Der aromatische Duft und Geschmack der Minze verheißt nicht nur Gesundheit, sondern auch eine unverwechselbare Note für die verschiedensten Gerichte. Die Minze dient in richtiger Dosierung als das gewisse Etwas in Erfrischungsgetränken, Suppen, Salaten, Nudelgerichten und Nachspeisen.

Liebstöckel

Wegen seines typischen Aromas bezeichnet man Liebstöckel oft auch als „Maggikraut“. Doch man tut dieser Pflanze Unrecht, wenn man sie ausschließlich als Suppenkraut betrachtet. Probieren Sie Liebstöckel einmal als Gewürz in einer Tomatensauce, zu gedünstetem Gemüse oder im Salat!

Sie werden sehen, wie interessant es ist, auf Entdeckungsreise nach verschiedenen Gewürzkräutern zu gehen, Ableger zu sammeln und sie im eigenen Garten, im Balkonkisterl oder im Blumentopf am Fensterbrett zu ziehen!

Kennen Sie schon Basilikum, Dill, Oregano, Thymian, Majoran, Zitronenmelisse, Minze, Estragon, Salbei, Rosmarin, Liebstöckel, Pimpernelle, Bohnenkraut …?

Entdecken Sie diese Köstlichkeiten, und Sie werden sehen, es kommen gschmackige Zeiten!

Suppen- und Saucenwürze

300 g Zwiebel
300 g Petersilienwurzel
300 g Karotten
150 g Kohlrabi
150 g Sellerieknollen
300 g Salz
150 g Karfiol
Grünzeug

- Gemüse durch die Fleischmaschine drehen oder mixen
- mit Salz vermischen
- in Gläser füllen
- mit Öl abdecken und verschließen
- kühl lagern

Kräuteressig

Apfelessig
verschiedene Kräuter nach Geschmack (Schnittlauch, Petersilie, Dill, Estragon, Maggikraut, Basilikum, Ysop, Salbei, Rosmarin, Bohnenkraut u.a.)
Knoblauchzehen

- Essig mit verschiedenen Kräutern und einigen halbierten Knoblauchzehen in Flaschen füllen
- Apfelessig kann mit Apfelsaft aus eigener Pressung hergestellt werden: Apfelsaft vergären lassen, Essigmutter dazugeben, luftig lagern, einige Monate stehen lassen

Tipp: *ideal im Winter, wenn keine frischen Kräuter mehr wachsen*

Molkeessig

Molke
Krenwurzel
1–2 Moosbeerstauden

- Molke in ein Glas füllen
- 1 Stück Krenwurzel und 1–2 Moosbeerstauden dazugeben
- verschließen
- an der Sonne 4–5 Tage stehen lassen
- wenn sich oben ein weißer Schaum gebildet hat, abseihen
- kühl aufbewahren

Kräutersalz

Meersalz
verschiedene getrocknete Kräuter, z.B. Schnittlauch, Petersilie, Bohnenkraut, Dill, Thymian, Liebstöckel, Basilikum, Kerbel, Rosmarin, Salbei, Sellerie, Oregano, Pimpernelle

- Meersalz mit verschiedenen getrockneten Kräutern mixen

Tipp: *Je nach Geschmacksrichtung kann eine beliebige Hausmischung hergestellt werden!*

Einfache Leberwurst

1 Teil mageres, faschiertes Fleisch
1 Teil fettes, gekochtes Kopffleisch
1 Teil Leber, fein faschiert
1 Teil Semmel, würfelig geschnitten
Knoblauch, Salz, Pfeffer
Majoran, Basilikum
Thymian

- Faschiertes mit würfelig geschnittenem Kopffleisch mischen
- fein faschierte Leber dazugeben
- würfelig geschnittene Semmel in Suppe einweichen und dazugeben
- gut würzen
- in Schweinsdärme oder Gläser füllen
- 30–40 Minuten in heißem Wasser brühen
- erkalten lassen
- als Brotaufstrich verwenden oder in Fett anbraten

Rosmarinwein

1 l guter Weißwein
1 großer Zweig Rosmarin

hilft bei Herzbeschwerden

- Rosmarin mindestens 3 Wochen im Wein ausziehen lassen
- abseihen
- täglich 1 Stamperl trinken

Pechsalbe

zu gleichen Teilen:
Olivenöl
Schweinefett
Bienenhonig
Pech (Lärche, Fichte, Tanne, Föhre, Latsche)
Bienenwachs

sehr gute Wund- und Heilsalbe

- Schweinefett (Filz oder Rückenspeck) auslassen und abseihen
- Baumpech in einem alten Kochtopf mit diesem Fett auskochen
- abseihen
- Bienenwachs dazugeben
- abkühlen
- langsam Honig und Olivenöl dazugeben
- in Salbentiegerl abfüllen

Ringelblumensalbe

1/2 kg Schweinefett
3 Handvoll Ringelblumenblüten
eventuell
etwas Pech
Wachs
Honig
1 Tropfen Rosenöl

gute Heilsalbe: lindert Krampfadernbeschwerden, wenn sie täglich angewendet wird

- Schweinefett (Filz oder Rücken) auslassen
- abseihen, überkühlen lassen
- Ringelblumen und Pech dazugeben, am Herdrand ca. 3–4 Stunden ausziehen lassen, abseihen
- Wachs dazugeben
- lauwarm Honig und Rosenöl einrühren
- in Salbentiegerl abfüllen
- bei Verwendung von Melkfett dieses leicht erwärmen und die Ringelblumen einige Stunden ausziehen lassen, abseihen und abfüllen

Variante: *Melkfett anstatt Schweinefett verwenden, die Salbe bleibt länger haltbar*

Topfen

Magermilch
Sauermilch zum Impfen

- Magermilch nach dem Melken mit etwas Sauermilch impfen
- in einem warmen Raum stehen lassen, bis die Milch dick ist
- gestockte Milch langsam auf 30–35 °C erwärmen
- längere Zeit ziehen lassen, bis sich der Topfen zusammenzieht (Topfen soll oben schwimmen)
- abseihen, einige Stunden in einem warmen Raum austropfen lassen
- kühl stellen

Tipp: *mixen mit etwas Milch, Joghurt oder Rahm: für feinere Topfenspeisen*

Eingelegter Käse

Ziegenkäse oder Schnittkäse
Knoblauch
Olivenöl
verschiedene Kräuter (Rosmarin, Salbei, Oregano, Zitronenmelisse, Dill, …)

- Käse (ca. 14 Tage alt) in Würfel schneiden
- abwechselnd mit halbierten Knoblauchzehen und Kräutern in Gläser schichten
- mit Olivenöl aufgießen und verschließen
- mindestens 14 Tage kühl und dunkel stehen lassen

Tipp: *Käse kann in Öl für längere Zeit haltbar gemacht werden!*

Register

Beilagen

Nachspeisen, Gebäck

Verschiedenes